TRATADO DE REGÊNCIA

Aplicada à orquestra, à banda de música e ao coro

Raphael Ba...

Nº Cat.: 296-M

Irmãos Vitale Editores Ltda.
vitale.com.br
Rua Raposo Tavares, 85 São Paulo SP
CEP: 04704-110   editora@vitale.com.br   Tel.: 11 5081-9499

© Copyright 1976 by Irmãos Vitale Editores Ltda. - São Paulo - Rio de Janeiro - Brasil.
Todos os direitos autorais reservados para todos os países. *All rights reserved.*

Dados Internacionais de Catalogação na Publicação (CIP)
(Câmara Brasileira de Livro, SP, Brasil)

Baptista, Raphael
 Tratado de regência : aplicada à orquestra, à banda de música e ao coro / Raphael Baptista, -- São Paulo : Irmãos Vitale, 2000.

ISBN n° 85-7407-111-0
ISBN n° 978-85-7407-111-4

1. Regência (música) I. Título

00-4969   CDD-781.45

ÍNDICES PARA CATÁLOGO SISTEMÁTICO:

1. Regência : Música 781.45

APRESENTAÇÃO

Nosso propósito nesta obra consiste em metodizar a aprendizagem da gesticulação, a fim de proporcionar aos alunos de regência um rápido e consciente processo de automatização de movimentos dos braços. A maneira indicada para conduzir os gestos, a terminologia empregada na classificação dos mesmos e a aplicação inteligente de uma gesticulação clara e objetiva, são de nossa exclusiva autoria.

As normas e preceitos aqui ditados não são dirigidos exclusivamente aos regentes de **orquestra** e de **banda de música.** Dirigimo-nos, também, aos regentes de **coro,** pois, este, quando integrado na música sinfônica, submete-se à regência convencional dos conjuntos instrumentais.

o Autor

A JOSÉ PAULO DA SILVA
In Memoriam

ÍNDICE

I CAPÍTULO — 7

Generalidades — A Regência — Postura do regente — Dos gestos e sua aplicação — Gesto preventivo ....

II CAPÍTULO — 13

Análise do mecanismo da regência — Descrição gráfica dos gestos — O executante e a técnica da regência — Ainda o gesto preventivo — Sucessão de compassos com numeradores diferentes ....

III CAPÍTULO — 23

Aplicação dos gestos em trechos melódicos de obras célebres ....

IV CAPÍTULO — 35

Compassos alternados — Os genuínos compassos alternados — Compassos mistos — Outras modalidades de considerar os símbolos métricos .....

V CAPÍTULO — 59

Plano para o estudo metódico da regência através de solfejos, entoados com o emprego simultâneo da gesticulação ....

VI CAPÍTULO — 75

Noção de profundidade — Andamentos — Fermata — Dinâmica — Agógica

Epílogo 79

CAPÍTULO I

Recentes pesquisas realizadas no campo da regência de conjuntos instrumentais (orquestras e bandas de música), levaram-nos a conceber a presente metodologia, com vistas às atividades dos alunos de regência e de prática de orquestra. Trata-se de um plano racional de ensino em substituição ao velho método empírico que, entre nós, sempre norteou a atuação das duas principais figuras do conjunto sinfônico: o regente e o executante. Concluimos, pelos estudos feitos, que ambas as figuras devem ser estudadas em conjunto, uma em função da outra, como corpo e alma na concepção da psicologia moderna. Ao estudá-las, o interessado em nosso trabalho deverá imaginá-las no conjunto instrumental, tendo o músico subordinado ao regente e este transmitindo aos seus subordinados, por meio de gestos convencionais, a interpretação mais fiel às intenções do autor da partitura.

A REGÊNCIA

A regência é o ato de transmitir a um conjunto instrumental ou vocal, por meio de gestos convencionais, o conteúdo rítmico e expressivo de uma obra musical. A necessidade de se manter em uniformidade rítmica e expressiva, todos os planos sonoros de uma obra sinfônica, fez surgir a figura do regente. Um músico hábil, dotado de conhecimentos que estudaremos gradativamente, exerce essa função à frente de qualquer conjunto, seja orquestra, banda de música ou coro.

A complexidade de detalhes que encerra uma partitura moderna, com seus ritmos profusos, suas harmonias dissonantes e sua exuberante dinâmica, exige do regente, outrora um simples batedor de compasso, conhecimentos amplos de música aliados a qualidades de comando que vamos identificar na sua gesticulação. Assim, o gráu de cultura e a autoridade de comando qualificam o regente.

Conhecida a figura do regente, esse músico tão aplaudido pelo público de concertos sinfônicos, vejamos, no decorrer desta obra, quais os preceitos que ele deve observar como intérprete de uma obra sinfônica. Ao metodizar esses preceitos, levamos o candidato à profissão de músico de estante a compreender a atuação do regente que ele, executante, acompanhará, obedecendo às suas observações e advertências no preparo de uma obra sinfônica.

A técnica de gesticulação está sujeita ao temperamento artístico do regente e à interpretação que cada um deles entende de transmitir ao conjunto. Todavia, nem sempre as normas de conduta do regente são necessariamente claras e precisas. Referimo-nos, aqui, a determinados gestos que causam uma execução falha e imprecisa e muitas vezes imperceptível ao público em geral, mas sentida e condenada pelos músicos do conjunto. Por esse motivo diz-se, com muita razão, que o melhor crítico do regente é a própria orquestra que ele conduz e que com ele convive constante e diretamente.

Os meios expressivos do regente alcançaram hoje em dia uma técnica que escandalizaria os compositores e regentes de outrora. Passou-se da simples marcação do compasso, a princípio rígida e inexpressiva, a uma série de gestos que atende com mais propriedade às indicações expressas na partitura e que provoca maiores emoções ao público ouvinte. A atuação do regente tornou-se, atualmente, uma atividade artística especializada. Se alguns condutores de orquestra pretendem impressionar o público com uma gesticulação exagerada, sem uma preocupação maior pela verdadeira concepção do autor da partitura, outros, mais sóbrios, marcam discretamente o compasso e descrevem com gestos elegantes, largos e às vezes vigorosos, as várias situações expressivas da obra, sem prejuízo das intenções do autor.

Toscanini e Kleiber, que marcaram época na regência nos primeiros decênios deste século, não seriam hoje os prediletos do público. Isto porque a regência de ambos, normalmente discreta e uniforme, porém fiel e segura, não tinha outra intenção do que dar a conhecer ao público o verdadeiro sentido da obra que interpretavam. Apesar da ausência de gestos sensacionais, esses dois gigantes da orquestra e muitos outros que a eles se assemelhavam e que ainda encontramos vez por outra, nos deixaram interpretações sábias que servem de escola às gerações seguintes. Se não seguimos a sua maneira moderada de gesticular, recorremos às suas interpretações famosas trazidas até nós em gravações fonográficas.

Aconselhamos na nossa didática uma gesticulação discreta mas enriquecida de lances que revelem o verdadeiro espírito emocional da trama sonora que se desenvolve na partitura. A gesticulação desmesurada, urdida com fins sensacionais, deve ser abolida do método de qualquer aspirante à profissão de regente. Tal sensacionalismo pode agradar ao público, que desconhece inteiramente as normas de regência, mas causam repulsa aos músicos da orquestra, os quais são vítimas constantes de regentes inescrupulosos, inconsequentes e apressados em impressionar o público com uma falsa gesticulação. Sob a direção de regentes dessa natureza o músico de estante esforça-se, assim mesmo, para que a execução caminhe sem atropelos, mas, para tanto, ele tem que se tornar indiferente aos gestos daqueles, cujo comportamento é repreeensível e comprometedor para a orquestra.

Infelizmente, parte da nossa crítica especializada e o público, particularmente, desconhecem essa verdade, aplaudindo e elogiando regentes exagerados em gestos espetaculares que nada têm a ver com o seguimento rítmico que deveriam assinalar. Essa falha, repetimos, é o resultado da preocupação que tais intérpretes têm em impressionar o público com excessos de gestos que classificamos de inúteis e impróprios na interpretação de uma obra sinfônica.

POSTURA DO REGENTE À FRENTE DO CONJUNTO INSTRUMENTAL

A posição do corpo do regente à frente do conjunto influe seriamente na execução. Primeiro, porque o regente deve conservar uma atitude de autoridade e de respeito diante de seus comandados e, segundo, porque seus gestos devem estar ao alcance das vistas de qualquer integrante do conjunto, esteja este próximo ou bem afastado daquele. Começamos por recomendar as seguintes observações:

a) corpo ereto, sem as características da posição militar de sentido;

b) braços acima da cintura, arqueados e em sentido horizontal, movimentando-os livremente para a direita e para a esquerda e ainda para cima até à altura da cabeça. O tórax poderá acompanhar os movimentos dos braços, para a direita ou para a esquerda, porém, jamais deverá ser curvado para a frente, em atitude de quem quer tocar as mãos no chão;

c) constante relaxamento muscular dos braços para fácil flexibilidade dos movimentos;

d) exercícios de dissociação de movimentos simultâneos dos braços.

As recomendações previstas nas letras «a» e «b» são fundamentais, mas o regente se afastará delas, uma ou outra vez, quando o trecho a ser executado exige maior relevo nos gestos. Essa liberdade se dará, naturalmente, em situações diversas, mas a posição fundamental deverá ser retomada logo que a execução permitir.

O regente, a exemplo do pianista, deverá disciplinar os movimentos dos braços com exercícios específicos e metódicos até atingir o automatismo. Começará por movimentá-los lentamente, em várias direções, com o mínimo de esforço e com permanente relaxamento muscular. Dessa forma evitará, gradativamente, o cansaço proveniente da constante elevação dos braços, cujo peso, por falta de técnica, leva muitos regentes a mantê-los numa posição baixa, descrevendo um ângulo oblíquo em relação ao corpo. Além de deselegante, esta posição dos braços prejudica a autoridade de comando do regente, pois grande parte dos músicos distribuídos na área da orquestra, tendo um campo de visibilidade limitado, em virtude dos colegas e estantes que se encontram à sua frente, não pode perceber-lhe os gestos que as suas vistas não alcançam plenamente.

O movimento uniforme dos braços, aplicado com insistência, é monótono e inexpressivo, como podemos constatar na gesticulação de muitos regentes de orquestra e, em geral, na gesticulação consagrada dos mestres de banda de música. O exercício racional e metódico libertará o regente dessa prática uniforme e o livrará, ainda, de muitos outros inconvenientes. Os gestos com movimentos uniformes de ambos os braços, devem ser dissociados, conservando-se para um dos braços as acentuações rítmicas e para a outra o colorido daquilo que a primeira descreve ritmicamente. Para analisar e corrigir sua própria gesticulação, recomendamos aos alunos de regência o estudo à frente de um espelho que reflita totalmente a sua imagem.

DOS GESTOS E SUA APLICAÇÃO

Os exercícios e exemplos expostos no decorrer do longo caminho que vamos percorrer, são o fruto de uma vasta experiência adquirida à frente de grandes orquestras e de recentes pesquisas no campo dessa atividade artística.

A marcação dos compassos simples, sujeita às recomendações fundamentais, são, naturalmente, a base para a conquista gradativa de uma gesticulação mais aprofundada e arrojada, porém, coerente sempre com a interpretação mais indicada.

Todo golpe inicial para ataque é precedido de um gesto de caráter **preventivo** que, logo de início, deverá sugerir o andamento e a dinâmica próprios do trecho a ser executado. Esta regra ocorre, sempre e invariavelmente, quando se dá início à execução de uma obra ou no decorrer desta quando se fizer necessário.

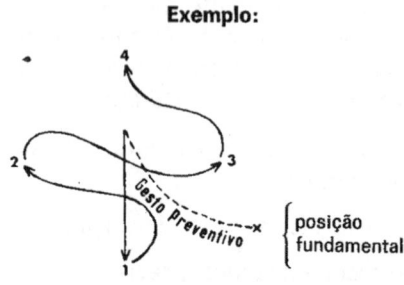

Exemplo:

Observe-se que o tempo percorrido entre o **gesto preventivo** e o ponto exato de ataque, deve ter a mesma duração compreendida entre um e outro tempo do compasso que se inicia. Assim, o tempo de duração empregado entre o gesto preventivo e o ponto de ataque, depende, logicamente, do andamento determinado pelo autor.

Os movimentos de ambos os braços deverão ser uniformes **para efeito de exercício.** Neste caso, o braço esquerdo deverá acompanhar o desenho descrito pelo braço direito, mas em sentido inverso, como demonstram os desenhos que se seguem:

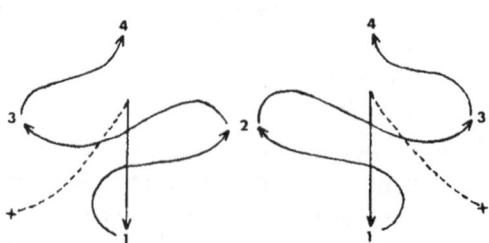

Com a uniformidade de gestos as mãos se tocam ou se cruzam no segundo tempo do compasso quaternário. O mesmo, entretanto, não acontece nos compassos binário e ternário.

Vejamos o exemplo:

COMPASSO BINÁRIO COM AMBOS OS BRAÇOS:

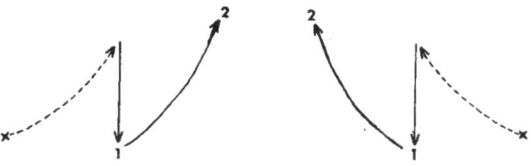

COMPASSO TERNÁRIO COM AMBOS OS BRAÇOS:

Não é só com relação ao primeiro tempo do compasso que se aplica o **gesto preventivo**. Este é empregado, também, para o ataque em qualquer outro tempo ou fração deste do compasso.

O Hino Nacional Brasileiro, a propósito, oferece um exemplo bastante interessante de um ataque no quarto tempo do compasso, precedido de um **gesto preventivo** no tempo anterior.

Exemplo:

Como se pode constatar no exemplo do Hino Nacional Brasileiro, não há necessidade de o regente marcar os demais tempos no compasso que procedem a «anacruse». Basta assinalar o terceiro tempo, como **gesto preventivo,** para que os executantes compreendam, claramente, o momento exato do ataque. Neste, como em muitos outros casos idênticos, o regente deverá prevenir aos músicos que ele iniciará a marcação a partir do tempo do compasso que precede o justo momento do ataque, dispensando, assim, a marcação inútil dos tempos anteriores (negativos) que completam o compasso.

Há regentes que, no caso da entrada do Hino Nacional Brasileiro, preferem assinalar todos os tempos que antecedem a «anacruse», julgando dar, com esse exagero de gestos, maior segurança ao ataque. Por uma questão de princípio, preferimos dispensar esse mau hábito, pois, bater tempo de valores negativos, como no caso em apreço, revela uma técnica já superada.

Advertência: Os gestos que se sucedem em direção aos vários tempos do compasso, dividindo ou subdividindo os valores, devem ser descritos em linhas curvas, como demonstram as setas dos desenhos expostos. Feitos sem enrijecer os músculos dos braços, esses movimentos semicirculares oferecem mais graça à gesticulação e sugerem algo de mais expressivo do que os movimentos descritos em linhas retas. O relaxamento muscular, já tão recomendado, auxilia sobremodo a prática desses desenhos em linhas sinuosas.

CAPÍTULO II

ANÁLISE DO MECANISMO DA REGÊNCIA A VISTA DA REPRESENTAÇÃO GRÁFICA DOS GESTOS CLASSIFICADOS

Os instrumentistas e os bailarinos submetem-se a intensos exercícios técnicos para automatizar uma mecânica muscular própria para exercer a sua atividade profissional. O pianista, por exemplo, dedilha sobre o teclado observando a articulação dos dedos e mantendo os braços em posição que facilite aquela articulação. Gradativamente ele adquire, através de estudos especializados, o controle muscular (automatismo) que lhe facilitará o mecanismo digital e lhe poupará o excesso de esforço mental e físico inerente a qualquer ato improvisado. Nosso propósito consiste, pois, em metodizar a aprendizagem da gesticulação, para proporcionar aos alunos de regência um rápido e consciente processo de automatização de gestos. O músico de estante, por sua vez, muito lucrará com o simples conhecimento deste mecanismo da regência, muito embora não se lhe exija a prática da gesticulação. Conhecendo os detalhes atribuídos à técnica da regência, o executante compreenderá com mais facilidade a interpretação da obra, ditada pela gesticulação do regente.

Para elaborar o nosso sistema didático, fruto de intensas pesquisas e reflexões no campo da regência de conjuntos instrumentais, partimos do princípio que em piscologia se denomina **causa e efeito** (estímulo e reação). No nosso caso teremos o conteúdo rítmico e expressivo da partitura musical como **estímulo** e a gesticulação, a mais apropriada para exprimir esse conteúdo, como **reação**. Assim, nossas pesquisas levaram-nos a classificar os gestos (**reação**) de acordo com os movimentos rítmicos e expressivos (**estímulo**) da partitura. Essa classificação compreende cinco (5) gestos principais e característicos, conforme demonstra o quadro sinóptico abaixo:

1.º) Ligado
- contínuo
- articulado

2.º) Destacado
- acentuado (com intensidade)
- leve (com menor intensidade)

3.º) Subdividido
- ligado
  - contínuo
  - articulado
- destacado
  - acentuado
  - leve

Golpes com o movimento conjugado do braço, antebraço e mão

4.º) Isolado

5.º) «Staccato» da mão (golpe que compreende somente o movimento da mão)

DESCRIÇÃO GRÁFICA DOS GESTOS CLASSIFICADOS

a) **Ligado contínuo**

Este gesto descreve um movimento ininterrupto e sem apoio sobre os tempos. É empregado, em geral, nos andamentos moderados, mas pode servir aos andamentos vivos desde que a linha melódica e seu acompanhamento assim o permitam.

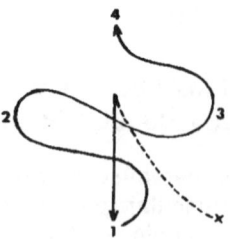

Observe-se que não há ângulo agudo nas passagens dos tempos dos compassos.

b) **Ligado articulado**

Podemos exemplificar este gesto no movimento do metrônomo, cujo pêndulo oscila acentuando cada tempo, mas perfazendo um trajeto **sem repouso** sobre cada marcação. É um movimento ligado **mas não contínuo**, pois acentua ligeiramente cada tempo que marca.

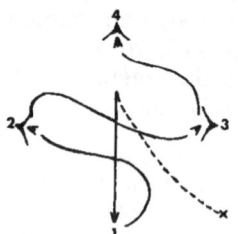

O ângulo agudo caracteriza o acento sobre os tempos.

2º) **Destacado** (acentuado e leve)

Conservando a mesma duração entre os tempos do compasso, o **destacado** (acentuado ou leve) difere do precedente pelos acentos mais fortes e pelo repouso ligeiro em cada tempo que toca. Há uma pequena interrupção de movimento do braço após cada acento, o que lhe dá o caráter de gesto **articulado**. A pequena interrupção resulta em marcações intermitentes.

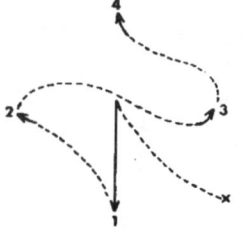

Acentuando cada tempo de acordo com a intensidade determinada, só no último momento o braço corre para o tempo destinado, imprimindo desta forma, maior destaque às acentuações.

3º) **Subdividido** (com o emprego do **ligado** e do **destacado**)

Fracionando-se cada tempo do compasso, em duas ou mais partes, e empregando-se nas ligações dos tempos e das partes destes, os gestos já descritos, teremos o gesto **subdividido**.

a) **Ligado contínuo**

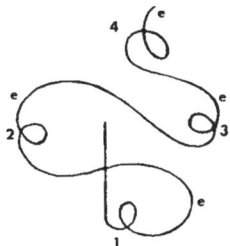

Observe-se neste exemplo o movimento contínuo do ligado.

A conjunção «e» representa a subdivisão dos tempos.

b) **Ligado articulado**

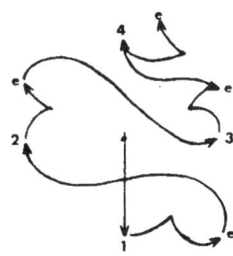

Neste exemplo a articulação de cada tempo e de sua subdivisão provocam o ângulo agudo nas passagens dos tempos.

c) **Destacado** (com golpe acentuado ou golpe leve)

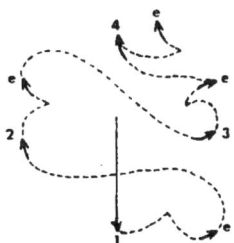

Após assinalar a primeira metade de cada tempo, o braço descreve um movimento de retorno para se dirigir, em seguida, à segunda metade do tempo, isto é, à subdivisão.

4º) **Isolado**

Faz-se o **isolado**, assinalando-se, somente, os valores positivos de uma série intercalada de pausas. São gestos que não têm seqüência como os precedentes. Foi classificado para distinguir especialmente os «tutti», quando em acordes isolados. Este golpe de gesticulação é mais empregado no gênero lírico para atacar os acordes isolados numa área vocal e conhecido como «strappata» (golpe forte e seco obtido com o arco dos instrumentos de corda). Empregado com menos freqüência no gênero sinfônico, ele é aplicado, geralmente, no acompanhamento de solos de instrumento ou de canto. Os esclarecimentos dados dispensam qualquer descrição gráfica. No capítulo destinado à aplicação dos gestos classificados em trechos musicais, ele será esclarecido suficientemente.

5º) «Staccato» da mão

Gesto indicado para os valores de curta duração, isolados ou em série, e quando subordinados ao sinal de «staccato» e também empregado para os efeitos de «pizzicati». É mais próprio para os trechos de caráter leve, delicado e ainda sujeito à expressão «p» ou «pp». Em se tratando de um trecho subordinado a uma dinâmica superior àquelas expressões («p» ou «pp»), emprega-se um dos gestos acima descritos. Pode ser aplicado, também, nas subdivisões dos tempos, mas empregando-se unicamente o movimento das mãos.

Os gestos ainda podem ser **mistos** e **alternados**. Mistos (simultâneos), quando os movimentos de ambos os braços diferem entre si. Se um dos braços orienta o ritmo o outro pode assinalar a dinâmica, uma entrada de instrumento, um «pizzicato» nas cordas e muitos outros efeitos. Esse contraste de desenhos do gesto **misto** enriquece a gesticulação do regente e proporciona uma interpretação mais colorida. São gestos **alternados** os de categoria diferente que se sucedem num ou mais compassos. Podemos empregar, sucessiva e alternadamente, todos os gestos aqui classificados, passando de um a outro, de acordo com a natureza do trecho a ser regido.

O EXECUTANTE E A TÉCNICA DA REGÊNCIA

Não se pode compreender, hoje em dia, que um músico de estante desconheça, tecnicamente falando, os princípios elementares da arte de conduzir orquestras e bandas de música. Conhecendo esses princípios e mesmo a mais avançada técnica moderna da regência, através de uma obra especializada, o músico de estante já não mais se submeterá ao velho processo de «ensaio e erro» durante o preparo de uma obra sinfônica. Compreenderá, facilmente, as observações e a gesticulação do regente, já que este adota uma técnica fundamentada em princípios pré-estabelecidos, tais como os que aqui citamos. Desta forma, o entrosamento entre ambos — regente e executante — converter-se-á em economia de tempo e, especialmente, em proveito de uma interpretação racional e mais artística. É, pois, com esse duplo sentido que nos consagramos ao estudo do mecanismo da regência.

AINDA O GESTO PREVENTIVO

Já mencionamos o emprego do **gesto preventivo** como norma para todo ataque inicial. Agora vamos analisá-lo e empregá-lo nos vários tempos do compasso. Daremos os exemplos no compasso quaternário, mas fica entendido que o **gesto preventivo** é regra para ser observada em qualquer natureza de compasso.

Este golpe, que chamamos de **gesto preventivo,** pode ocorrer no início da execução de uma obra ou no decorrer desta quando houver uma interrupção causada por pausas, fermatas, cadências, mudanças de movimentos de sinfonias, suites, concertos, etc., por transformações de andamentos e por inúmeros outros casos.

Exemplo:

Para o ataque no 1.º tempo do compasso:

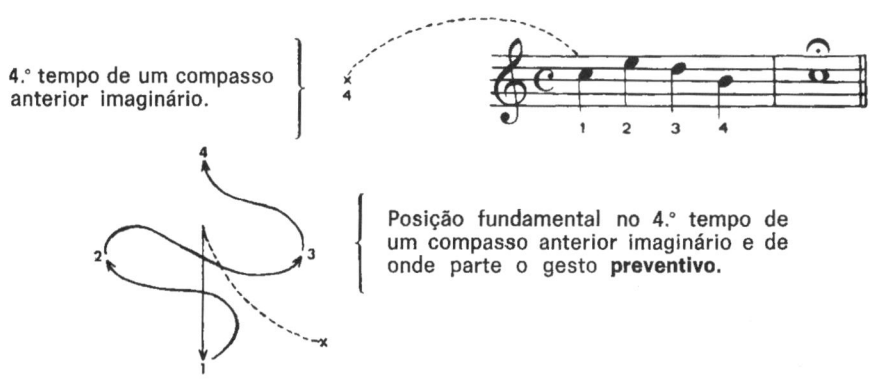

4.º tempo de um compasso anterior imaginário.

Posição fundamental no 4.º tempo de um compasso anterior imaginário e de onde parte o gesto **preventivo.**

Para o ataque no 2.º tempo do compasso:

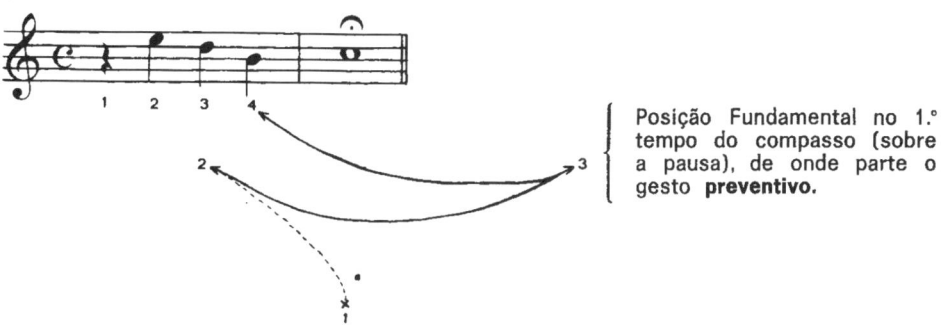

Posição Fundamental no 1.º tempo do compasso (sobre a pausa), de onde parte o gesto **preventivo.**

Para o ataque no 3.º tempo do compasso:

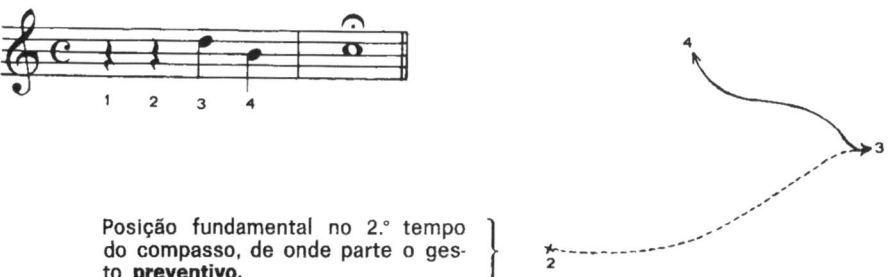

Posição fundamental no 2.º tempo do compasso, de onde parte o gesto **preventivo.**

Para o ataque no 4.º tempo do compasso:

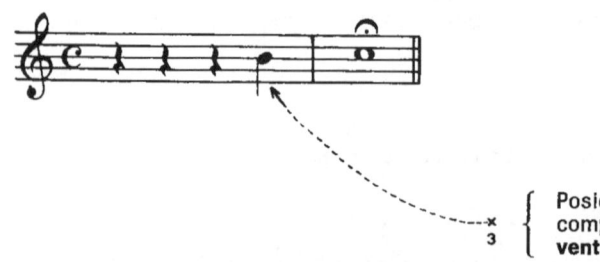

Posição fundamental no 3.º tempo do compasso, de onde parte o gesto **preventivo**.

Conclui-se, pelo exposto, que o gesto **preventivo** partiu sempre de um tempo anterior. Quando houver necessidade da divisão ou subdivisão do tempo, em duas ou mais partes, fragmentação esta provocada pelos andamentos lentos, aplica-se o mesmo raciocínio, mas, agora, partindo o gesto **preventivo** de uma fração da unidade de tempo. Esta fração pode representar a metade, um terço, um quarto ou parte ainda menor da unidade de tempo determinada. Vejamos alguns exemplos:

Para o ataque no 1.º tempo do compasso:

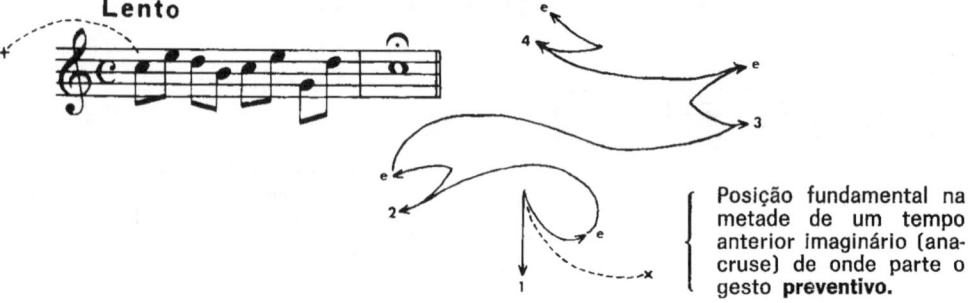

Posição fundamental na metade de um tempo anterior imaginário (anacruse) de onde parte o gesto **preventivo**.

Para o ataque na metade do 2.º tempo do compasso:

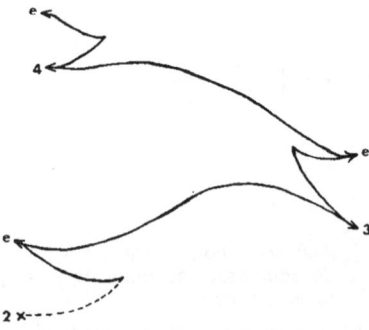

Posição fundamental no 2.º tempo do compasso, de onde parte o gesto **preventivo**.

Para o ataque no 3.º tempo do compasso:

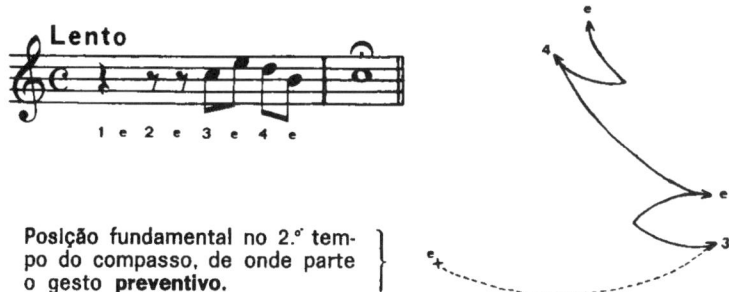

Posição fundamental no 2.º tempo do compasso, de onde parte o gesto **preventivo**.

Para o ataque numa fração do 3.º tempo do compasso:

Subdividindo em três golpes o 3.º e 4.º tempos, o gesto **preventivo** parte do segundo terço do 3.º tempo (sobre a segunda pausa de colcheia).

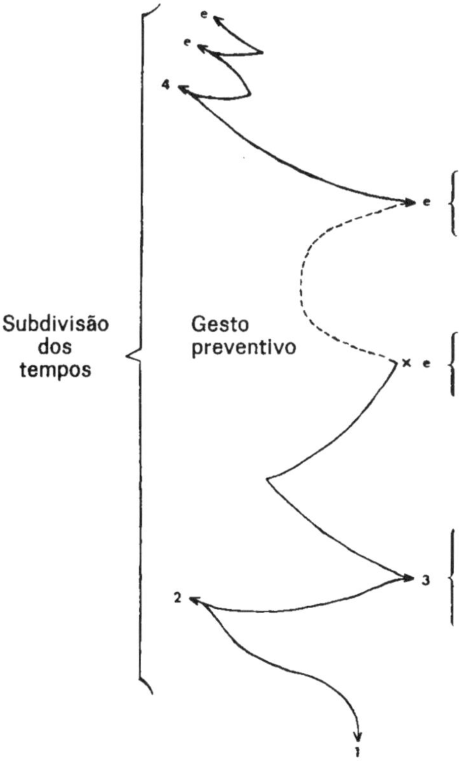

Subdivisão dos tempos

Gesto preventivo

Ponto de ataque

Posição fundamental no segundo terço do 3.º tempo, de onde parte o gesto **preventivo**.

Estes gestos que precedem a posição fundamental, só figuram aqui para orientar a posição do gesto preventivo e do ponto de ataque.

Há inúmeros casos relativos ao emprego do gesto **preventivo**, mas julgamos suficiente para resolvê-los, mesmo os mais difíceis, o cumprimento **das normas que estabelecemos nos exemplos dados.**

SUCESSÃO DE COMPASSOS COM NUMERADORES DIFERENTES

As passagens entre compassos diferentes causam, em geral, problemas para os regentes praticantes, mesmo quando esses compassos estão sujeitos à mesma unidade de tempo. Visto que essas passagens são muito comuns em inúmeras obras modernas, aconselhamos os exercícios abaixo, destinados a levar os alunos à prática de mudanças sucessivas de compassos subordinados à mesma unidade de tempo.

Indicação metronômica: ♩ = 100

$$\frac{2}{4} \quad \frac{3}{4} \quad \frac{4}{4} \quad \frac{3}{4} \quad \frac{2}{4} \quad \frac{4}{4} \quad \frac{2}{4} \quad \frac{3}{4} \quad \frac{2}{4} \quad \frac{4}{4}$$

A ordem dos compassos acima deve ser invertida para efeito de prática e convém submeter esses exercícios a vários andamentos da escala metronômica compreendida entre 100 e 200 unidades de tempo por minuto.

Porém, quando a unidade de tempo não é comum a todos os compassos de uma série, a marcação oferece ainda maiores problemas, conforme se pode deduzir do seguinte exemplo:

Indicação metronômica: ♩ = 100 para a unidade de tempo)

$$\frac{2}{4} \quad \frac{3}{8} \quad \frac{4}{8} \quad \frac{2}{4} \quad \frac{6}{8} \quad \frac{2}{4} \quad \frac{3}{4} \quad \frac{4}{8} \quad \frac{2}{4}$$

Neste caso, o observador atento recorrerá a uma fração da unidade de tempo indicada que sirva de padrão metronômico comum a todos os compassos da série. Seguindo este raciocínio, teremos, então, a colcheia como valor unitário comum a todos os compassos da referida série.

Indicação metronômica: ♪ = 200 (Esta unidade corresponde à metade da unidade de tempo do exemplo precedente)

$$\frac{2}{4} \quad \frac{3}{8} \quad \frac{4}{8} \quad \frac{2}{4} \quad \frac{6}{8} \quad \frac{2}{4} \quad \frac{3}{4} \quad \frac{4}{8} \quad \frac{2}{4}$$

Vejamos, a seguir, a execução metronômica desta série através de gestos. Enquanto o aparelho metronômico marca cada colcheia (fração da unidade de tempo do primeiro compasso da série), os gestos assinalam, somente, os tempos de cada compasso.

Indicação metronômica: ♪ = 200

  — Dois gestos para 4 marcações metronômicas.

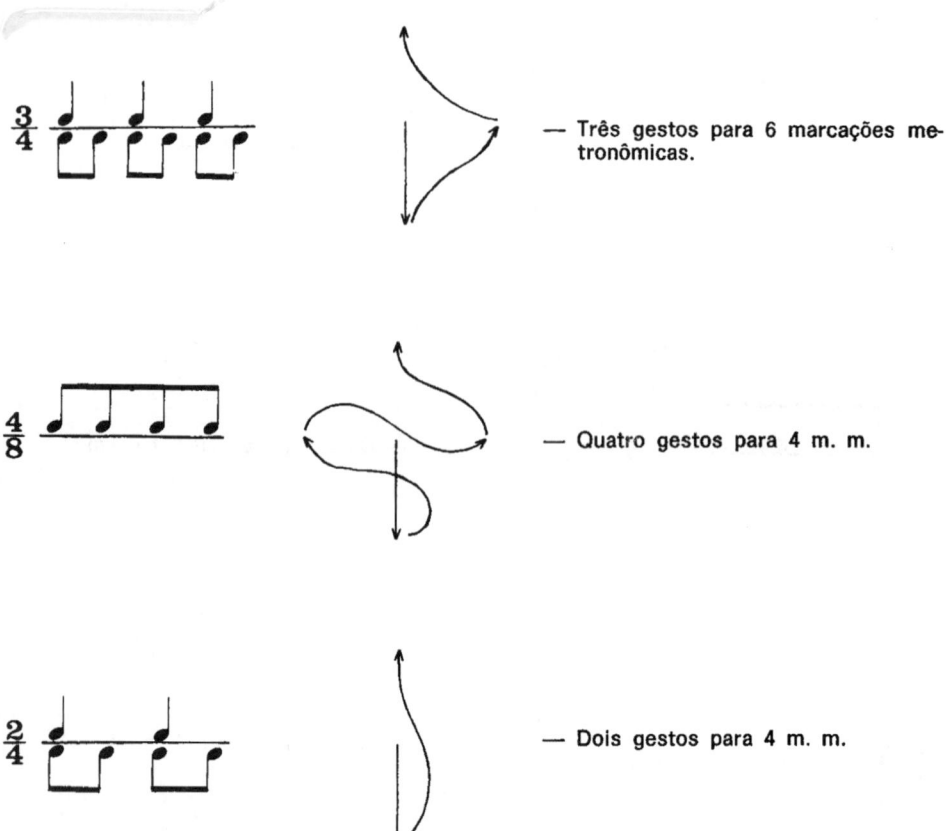

Conclui-se, pelo exposto, que, **no caso desta série**, devemos ter sempre em mente a colcheia (fração da unidade de tempo), muito embora, em alguns compassos da referida série, figurem outros valores. No Capítulo V este assunto será reexposto cabalmente.

CAPÍTULO III

APLICAÇÃO DE GESTOS EM TRECHOS MELÓDICOS DE OBRAS CÉLEBRES

LIGADO-CONTÍNUO

1 — ENTRADA DO 2.º MOVIMENTO DA SEGUNDA SINFONIA DE BEETHOVEN

Observação: A melodia acima, destinada aos 1.ºs violinos, pelo andamento (Larghetto) e pela sua natureza (ligada e pouco articulada), leva-nos a aplicar o gesto classificado como **ligado-contínuo,** extensivo ao acompanhamento do trecho.

2 — ABERTURA DE OS MESTRES CANTORES, DE WAGNER

Examinando-se atentamente a partitura, conclui-se logo que o **ligado-contínuo** é o gesto indicado para esse romântico e encantador trecho da **abertura** de Wagner, cujo acompanhamento, subordina-se, também, ao mesmo gesto.

3 — CAPRICHO ESPANHOL (N.º 2, VARIAÇÃO)

Não há necessidade de uma análise demorada para se concluir que tanto a melodia como o acompanhamento desse trecho musical só pode admitir o gesto **ligado-contínuo**.

4 — LEONORA N.º 3 (ABERTURA), DE BEETHOVEN

Passado o 1º compasso, onde o regente poderá aplicar o gesto **isolado**, pois não há necessidade da marcação dos dois tempos restantes do compasso, temos em seguida um exemplo bem oportuno do emprego do **ligado-contínuo**. Os demais planos que acompanham este trecho é idêntico à melodia.

LIGADO-ARTICULADO

1 — ANDANTE (2.º MOVIMENTO) DA 1.ª SINFONIA DE BEETHOVEN

Da «anacruse» até o 2º tempo do quarto compasso, justifica-se, plenamente, o emprego do gesto **ligado-articulado**, em virtude dos constantes «staccati», embora intercalados de algumas notas ligadas sem interesse para aplicar outro gesto. A partir do 2º tempo do quarto compasso, emprega-se o gesto **ligado-contínuo**, o mais indicado para assinalar o efeito da longa ligadura. Após esse trecho, retorna-se ao **ligado-articulado** e o mantém até que seja oportuna uma outra gesticulação.

2 — ROMANZA — ANDANTE, DA SERENATA NOTURNA, DE MOZART

Apesar dos «legati» em alguns compassos, o **ligado-articulado** justifica-se pela presença de notas curtas (soltas) e pela necessidade de se fazer articular com uniformidade os violoncelos e contrabaixos (vide partitura).

3 — CÉLEBRE MENUET, DE BOCCHERINI

Sendo uma dança, seus tempos devem ser articulados com clareza. Acresce que o acompanhamento dos baixos é feito em «pizzicato», o que justifica ainda mais o emprego do gesto **ligado-articulado**. Aliás, recomendamos, para toda a extensão deste minueto, este gesto, que poderá ser substituído, em alguns trechos, por um gesto mais acentuado, o **destacado-leve,** que empregaremos mais adiante.

4 — ANDANTE DA SINFONIA «O RUFO DE TÍMPANOS», DE HAYDN

No exemplo acima, a melodia e o acompanhamento não comportam outro gesto senão o **ligado-articulado**. Os «staccati» constantes, tanto na melodia como no seu acompanhamento, resultam em acentos que devem ser assinalados na regência, o que pode ser obtido com o gesto em estudo. Neste segundo movimento da sinfonia, seja dito de passagem, podemos aplicar, mesclado com o gesto em questão, o **destacado-leve** e o **destacado-acentuado**, no momento oportuno.

DESTACADO-ACENTUADO

1 — ABERTURA DA ÓPERA «OS MESTRES CANTORES», DE WAGNER

O emprego do **destacado-acentuado** se faz sentir logo no início desta abertura. A articulação sistemática e uniforme dos tempos de cada compasso e o caráter vigoroso da idéia melódica inicial e de outras situações semelhantes que circulam pela obra, determinam a aplicação do gesto **destacado-acentuado**, frequentemente.

2 — ABERTURA DE «A GRUTA DE FINGAL», DE MENDELSSOHN

Este grande «tutti», precedido de um crescendo, no qual o gesto **destacado-leve**, tem predominância com progressiva violência, é um exemplo característico do emprego do gesto **destacado-acentuado**.

DESTACADO-LEVE

1 — ALLEGRO CON BRIO, DO 1.º MOVIMENTO DA «PRIMEIRA SINFONIA», DE BEETHOVEN

Neste **Allegro con brio** inicial, após a introdução, aplica-se o **destacado-leve que,** gradativamente, vai se transformando, com gestos cada vez mais articulados, no **destacado-acentuado** que se torna definitivamente caracterizado ao atingir o «tutti» próximo.

2 — ALLEGRO, DA «ABERTURA PROMETEUS», DE BEETHOVEN

Exemplo idêntico ao precedente. Saindo de um **gesto subdividido** (do Adagio Molto, da Introdução) o Allegro que se segue faz-se com o gesto **destacado-leve,** o qual, de forma progressiva, passa para o **destacado-acentuado** ao atingir o «tutti». Justifica-se o **destacado-leve** nesse trecho, por causa dos acentos que se devem exprimir na regência para que os baixos articulem com uniformidade os tempos dos compassos: ora o 1º tempo e ora o 1º e 2º tempos, sucessivamente.

O GESTO SUBDIVIDIDO

Já definimos e exemplificamos os gestos **ligado** e **destacado** nas suas duas formas principais. Agora cuidaremos do gesto **subdividido** nas suas variadas aplicações.

O **subdividido,** conforme seu próprio nome indica, compreende o fracionamento dos tempos, em duas ou mais partes. Sua característica está na subdivisão dos tempos nos gestos classificados como **ligado** e **destacado,** tanto um como outro nas formas em que podem ser executados.

SUBDIVIDIDO, NO LIGADO-CONTÍNUO

1 — INTRODUÇÃO DA «PRIMEIRA SINFONIA», DE BEETHOVEN

Nos três primeiros compassos desta introdução empregamos, alternadamente, o **destacado-acentuado** e o **destacado-leve**. A partir do segundo tempo do quarto compasso, os valores se articulam sobre todos os tempos e partes destes por um longo período, o que impõe o emprego do gesto **subdividido**, na forma do **ligado-contínuo**. Nos cinco últimos compassos, ainda da introdução, são empregados, ora um ora outro, os gestos **destacado-acentuado** e **ligado-contínuo**, que não são objeto de estudos no momento.

2 — «ABERTURA PROMETEUS», DE BEETHOVEN

Passados os quatro primeiros compassos da introdução, tem início a aplicação do gesto **subdividido**, na forma do **ligado-contínuo**, pelos mesmos motivos alegados no comentário anterior.

SUBDIVIDIDO, NO LIGADO-ARTICULADO

Uma análise superficial e ligeira pode nos levar a falsas conclusões sobre o emprego deste ou daquele gesto. É o que pode ocorrer quando se quer determinar o gesto mais adequado para um determinado trecho musical: se o **ligado articulado** ou o **destacado leve**. Se o trecho a ser regido estiver sujeito a ligaduras, mas tendo os seus valores rítmicos ligeiramente articulados por influência da posição das próprias ligaduras ou em virtude dos sinais de «staccati» (representados por esta expressão ou por pontos colocados sobre as notas) encontrados sob as ligaduras, faz-se o gesto **ligado-articulado**. Para isto devemos considerar ainda a dinâmica do trecho, a qual, no caso do **ligado-articulado**, não deve ir além do mf (meio forte). Acima desta intensidade (**mf**), com ou sem ligaduras, tem lugar então, o gesto **destacado-leve** ou, dependendo de uma dinâmica ainda mais elevada, o **destacado-acentuado**, conforme veremos adiante.

1 — ADAGIO, DO «CONCERTO EM RÉ MENOR, PARA PIANO E E ORQUESTRA, DE J. S. BACH

Observe-se que, em toda a extensão deste movimento do Concerto de Bach, a subdivisão dos tempos, resultante do andamento indicado (Adagio), provoca a articulação constante das frações dos tempos do compasso. Acrescida da dinâmica que acompanha todo este movimento a qual varia entre o **P** (piano) e o **F** (forte), nada mais acertado do que o emprego do gesto **ligado-articulado subdividido**. Todavia, podemos alternar, em determinados trechos, com o gesto **destacado-leve subdividido**, quando a dinâmica empregada exigir golpes levemente acentuados.

2 — 1.º MOVIMENTO DA «SINFONIA LONDRES», EM RÉ MAIOR, DE HAYDN

A partir do 3º compasso do Adagio inicial, tem lugar o emprego do **ligado-articulado subdividido,** visto que as acentuações, tanto as naturais como as provocadas pelos sinais expressivos, exigem movimentos articulados dos tempos e partes destes. Salvo raros momentos, todo este Adagio, que é a introdução da Sinfonia em questão, deve ser regido na forma do **ligado-articulado subdividido.**

SUBDIVIDIDO, NO DESTACADO-ACENTUADO

1 — SEGUNDA VARIAÇÃO DO ANDANTE DA SINFONIA «A SURPRESA», DE HAYDN

Dentre os inúmeros trechos deste 2º movimento, numa série de contrastes entre o **F** (forte) e o **P** (piano), citamos os compassos acima para exemplificar o **destacado-acentuado,** na forma do subdividido. Por sinal, este Andante, com suas variações, é rico de exemplos para a aplicação do gesto destacado, ora **acentuado** e ora **leve.**

2 — ABERTURA DA ÓPERA «O BARBEIRO DE SEVILHA», DE ROSSINI

Como no exemplo anterior, temos, em toda a extensão desta abertura, o gesto **destacado-acentuado** se revezando com o **destacado-leve**, ambos no **subdividido**.

SUBDIVIDIDO NO DESTACADO-LEVE

1 — SEGUNDA PARTE DA 1.ª VARIAÇÃO DA SINFONIA «A SURPRESA», DE HAYDN

Os golpes atribuídos ao gesto **destacado-leve** têm as mesmas características do **destacado-acentuado,** porém, executado com muito menos intensidade (vide Classificação dos gestos). Na Sinfonia **A Surpresa,** de Haydn, há pouco citada, esses dois gestos são aplicados sucessivamente, com freqüência e em forma de contraste dinâmico.

Reservamos para segundo exemplo do emprego do gesto **destacado-leve** (subdividido) o trecho acima. extraído ainda da **Sinfonia «A Surpresa»**, de Haydn. Trata-se da terceira Variação que, em todo o seu curso, exige o gesto em causa, muito embora possamos empregar, de passagem, o **ligado-articulado** (subdividido).

O gesto **isolado,** já explicado satisfatoriamente quando relacionamos todos os gestos classificados com as suas respectivas descrições gráficas, dispensa qualquer demonstração em trechos musicais. Entretanto, para aqueles que não assimilaram convenientemente aquela explicação, damos abaixo um ligeiro exemplo de como empregá-lo, lembrando que este exemplo, por sua vez, servirá de orientação para uma infinidade de casos análogos.

ISOLADO

EXEMPLO ÚNICO: 17.º COMPASSO DO TEMPO PRIMO (ALLEGRO) DO 1.º MOVIMENTO DO «CONCERTO PARA PIANO E ORQUESTRA», DE SCHUMANN

O «**staccato**» **da mão,** bem como os gestos **mistos e alternados,** não necessitam de exemplos musicais para orientar o seu emprego. Basta recorrer à descrição feita no ponto destinado à **Classificação dos gestos,** para se ter uma noção exata de como empregá-los.

CAPÍTULO IV

COMPASSOS ALTERNADOS

Os chamados **compassos alternados,** na forma como os simbolizaram inúmeros compositores do passado, já não comportam mais esta denominação tradicional. Deixaram de ser o resultado da fusão de dois compassos básicos para se imporem como um símbolo único, distinto e indivisível, de combinações rítmicas que não fazem supor aquela fusão. Conclui-se, então, que um compasso (símbolo métrico) que tem por numerador o número sete, é, na realidade, um compasso de sete tempos e não a combinação de dois compassos básicos, um de três tempos e outro de quatro ou vice-versa.

Não sendo nosso propósito, no momento, compará-los numa crítica mais aprofundada, vamos admiti-los nas duas formas conhecidas: a **tradicional**, que compreende a fusão de dois compassos básicos, e a **moderna** que, por sua vez, compreende um único compasso básico, seja de dois, três, quatro, cinco, sete ou mais tempos, ambas as formas representadas por um único símbolo métrico. Porém, quando se tratar de dois compassos de natureza diferentes, que se revezam no decorrer de um trecho musical, um após outro ou separados por períodos, emprega-se, como veremos oportunamente, dois símbolos métricos distintos, um ao lado do outro, para representarem aqueles dois compassos.

A gesticulação para os compassos alternados é executada de acordo com o andamento da obra e a disposição rítmica dos valores compreendidos entre as barras da pauta musical.

Muitos regentes preferem dividí-los em dois outros compassos (conforme a velha teoria que rege os compassos alternados), o que lhes obriga a marcar duas vezes um mesmo primeiro tempo para orientar um único compasso alternado. Isto pode provocar confusão aos executantes, especialmente aos que têm em suas partes compassos em branco (também chamados de **compassos de espera**) para contagem.

Vamos exemplificar a preferência de alguns regentes e, em seguida, o modo mais correto de interpretá-los.

COMPASSOS ALTERNADOS DE CINCO (5) TEMPOS

Exemplo melódico:

A linha pontilhada facilita a execução dos gestos.

Gesticulação:

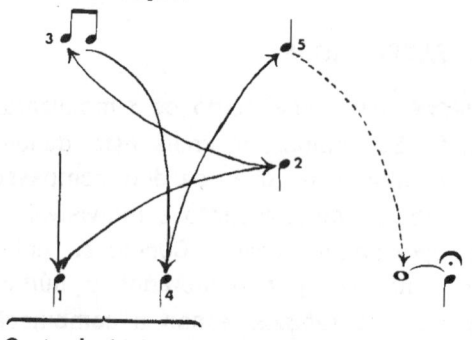

Interpretação: — um compasso de três tempos e outro de dois.

Gesto do 1.º tempo repetido

De acordo com a interpretação dada à divisão rítmica do exemplo acima, o compasso de cinco tempos, neste caso, ficou dividido em um compasso de três tempos e outro de dois, conforme a velha teoria.

Vejamos, a seguir, uma disposição diferente dos valores, com o mesmo compasso.

Exemplo melódico:

Gesticulação:

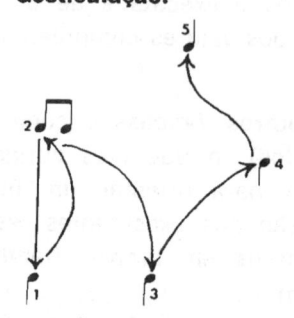

Neste caso, a divisão resultou em um compasso de dois tempos e outro de três.

Gesto do 1.º tempo repetido

Nossa técnica rejeita este processo (divisão, em dois gestos fundamentais, de um único compasso alternado) e recomenda uma gesticulação direta, sem retorno ao 1º tempo, uma gesticulação que faça sentir, distintamente, todos os tempos que o símbolo métrico exprime na realidade. Todavia, há exceções e estas serão estudadas dentro de momentos.

Assim sendo, vamos expor o que recomendamos.

Exemplo melódico:

Gesticulação:

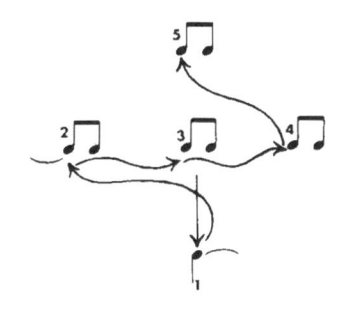

Desta forma assinalam-se, **distintamente, todos os tempos.**

A repetição do gesto característico do 1º tempo, quando feita em seguida ao referido tempo, não dificulta a divisão rítmica e nem a contagem dos **compassos de espera,** ao contrário do que ocorre quando se fraciona a gesticulação, que passa a ter dois primeiros tempos marcados em períodos. Acresce ainda que a repetição imediata do 1º tempo oferece mais segurança ao regente pois, numa infinidade de casos, é mais cômodo retornar a um mesmo ponto do que levar os braços constantemente para outras direções, movimentos estes que concorrem, naturalmente, para maior dispêndio de energia.

Num andamento mais acelerado o esquema de gesticulação se modifica essencialmente para facilitar os movimentos dos braços, o que se faz suprimindo-se alguns gestos que não são fundamentais para os casos em estudo.

Exemplo melódico:

Gesticulação:

Gestos curtos entre o 4.º e 5.º tempos, bem como entre o 5.º e o 1.º do compasso seguinte.

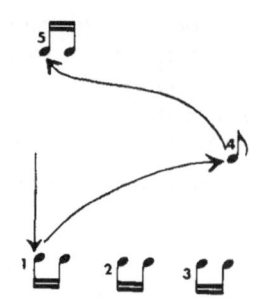

Assinalam-se, somente, os tempos que a setas indicam (1.º, 4.º e 5.º), ficando os demais (2.º e 3.º) subentendidos num único gesto.

Mudando-se o desenho rítmico muda-se a gesticulação. Vejamos o exemplo seguinte.

Exemplo melódico:

Gesticulação:

Gestos curtos entre o 3.º, 4.º e 5.º tempos, bem como entre o 5.º e o 1.º do compasso seguinte.

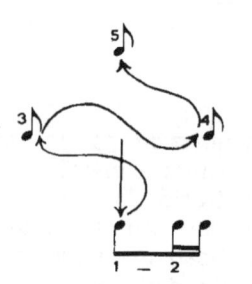

Assinalam-se, somente, os tempos que as setas indicam (1.º, 3.º, 4.º e 5.º), ficando o 2.º tempo subentendido no gesto do 1.º tempo.

Podemos inverter a gesticulação acima, passando o 3º tempo para a direita e o 4º para a esquerda, conservando-se o 1º e o 5º na posição em que se encontram.

Dentre os numerosos exemplos de compassos quinários que poderíamos citar, destacamos mais o seguinte:

Exemplo melódico:

Segue-se a gesticulação para os dois compassos acima.

Gestos curtos do 1.° ao 2.° tempos e do 4.° ao 5.°, bem como do 5.° ao 1.° do compasso seguinte.

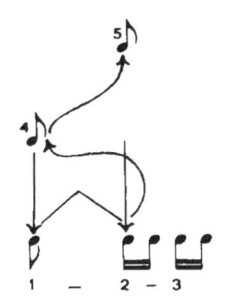

Aqui o 3.° tempo está compreendido no gesto do 2.° tempo.

Conclusão: A gesticulação para os **compassos alternados** depende, como já frisamos, do andamento da obra e da disposição rítmica dos valores distribuídos entre as barras do compasso. Ao interessado cabe escolher a gesticulação que melhor convier ao caso, mediante análise acurada de cada situação.

A supressão de alguns gestos (mas compreendidos metronomicamente num único golpe), proporciona à regência uma gesticulaão menos agitada e rígida e torna-a mais expressiva e graciosa. Trata-se de opções que estudaremos cuidadosamente em outro capítulo.

A dificuldade na execução desses compassos alternados, na forma que recomendamos, reside na falta de simetria e coordenação dos movimentos dos braços, considerando-se a direção que os gestos tomam e a duração compreendida entre os mesmos, a qual nem sempre é uniforme.

Quando, numa obra sinfônica, os desenhos rítmicos se repetem similarmente, em cadeia, por muitos e muitos compassos, o emprego de qualquer das gesticulações por nós recomendadas não apresenta dificuldades para o regente em virtude da automatização resultante da repetição em série de uma gesticulação que se torna uniforme. Entretanto, de grande dificuldade é a execução de gestos numa série heterogênea de símbolos métricos, orientando cada um destes um desenho rítmico particular. Ao terminarmos o estudo dos compassos alternados, daremos, em outro capítulo, um exercício específico para a leitura métrica de várias séries de símbolos métricos diferentes.

Vamos prosseguir com o estudo dos compassos alternados, dedicando-nos, agora, ao compasso de sete tempos.

COMPASSOS ALTERNADOS DE SETE TEMPOS

Exemplo melódico:

Grupo de dois valores

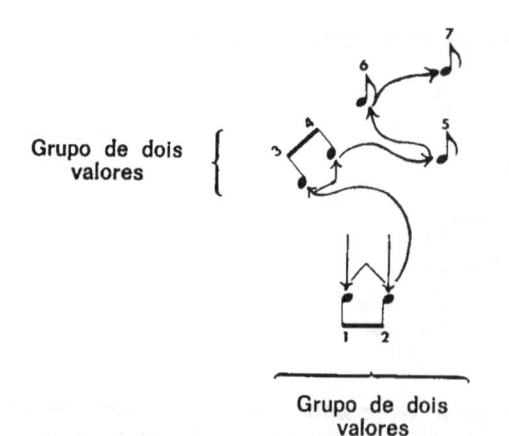

Grupo de três valores assinalados em direções diferentes.

Grupo de dois valores

Neste exemplo assinalam-se todos os tempos porque o andamento assim permite.

Mudando-se o desenho rítmico, muda-se a gesticulação.

Exemplo melódico:

⑧ Andante $\flat = 144$

Gesticulação:

Grupo de dois valores

Grupo de dois valores assinalados em direções diferentes.

Neste exemplo assinalam-se todos os tempos porque o andamento assim permite.

Grupo de três valores

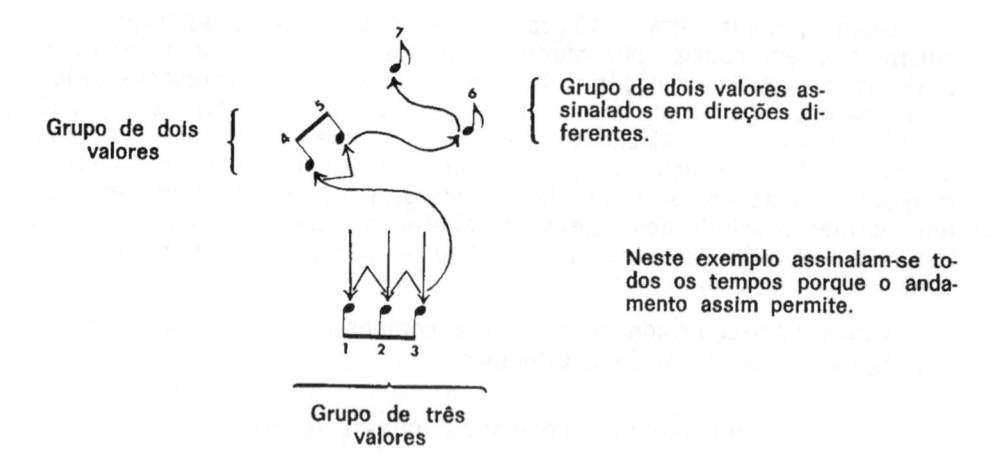

Observe-se que temos respeitado as acentuações rítmicas próprias dos desenhos melódicos exemplificados. Neste último caso, por exemplo, cada grupo de valores (um de três e outro de dois) foi marcado numa única direção, mas o último grupo (de duas colcheias) teve seus valores marcados em direções diferentes sem que isto contrariasse qualquer princípio estabelecido.

Gesticulação:

Após assinalar, na mesma posição, um grupo de dois ou mais valores, os gestos tomam outra direção para marcar, sem retorno algum, os valores do grupo seguinte. Todavia, pode-se admitir, para casos idênticos, uma gesticulação direta, dependendo, é claro, do andamento.

Para o mesmo exemplo melódico nº 8.

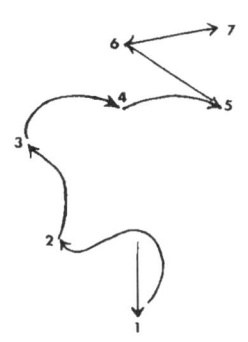

Na gesticulação acima não houve retorno algum. Optamos por esta gesticulação por ser muito clara e precisa. Entretanto, vejamos uma outra forma, ainda para o mesmo exemplo melódico nº 8.

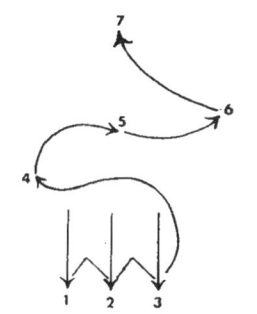

{ Aqui, com retorno ao primeiro tempo.

O que não se deve permitir, de forma alguma, é a gesticulação que modifica a acentuação lógica, natural, de valores idênticos mas divididos em grupos de quantidades diferentes. Exemplifiquemos esse caso condenado.

Exemplo melódico:

Gesticulação:

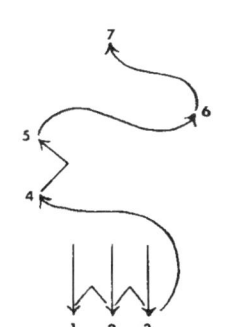

{ **Errado** porque a mudança de posição dos gestos não coincide com os acentos próprios do desenho melódico.

A barra que une os valores em grupos, facilita o raciocínio para a escolha de uma gesticulação lógica. Mesmo que uma ligadura modifique o acento natural, devemos respeitar o raciocínio que acabamos de mencionar.

Exemplo melódico:

⑩ [Andante ♪ = 88, 7/8]

Gesticulação: — Vide gráfico do exemplo nº 7 e o segundo gráfico do exemplo nº 8.

Como se observa, as ligaduras modificam ligeiramente os acentos naturais mas a gesticulação não pode ser alterada por este motivo. Os acentos provocados pela ligadura são interpretados como efeito de fraseado que não chega a modificar, na regência, os acentos naturais. Em determinados casos, excepcionalmente, os acentos expressivos, que preferimos chamá-los de acentos dinâmicos, podem modificar a gesticulação normal que passa a acompanhar, com destaques, tais acentos.

Num andamento mais vivo, já podemos suprimir alguns gestos do compasso $\frac{7}{8}$.

Exemplo melódico:

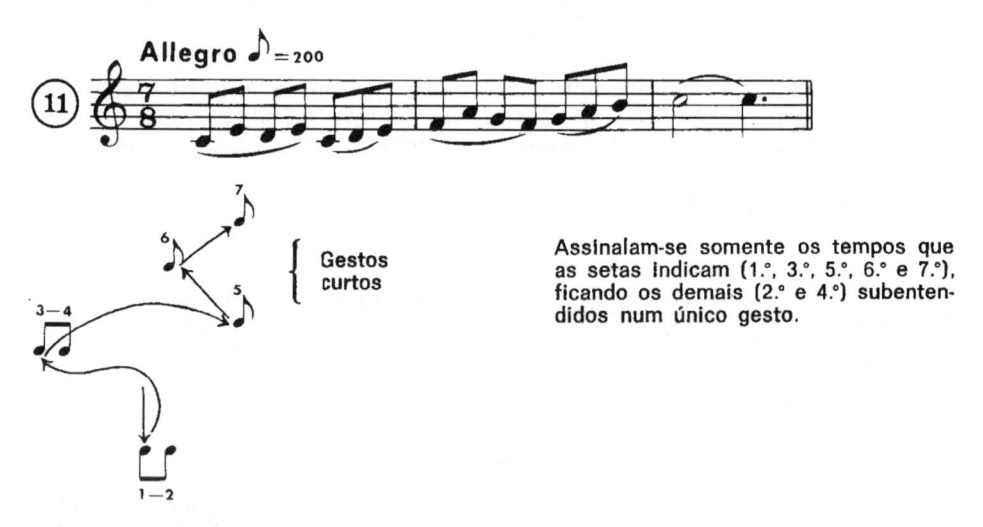

⑪ [Allegro ♪ = 200, 7/8]

{ Gestos curtos

Assinalam-se somente os tempos que as setas indicam (1.º, 3.º, 5.º, 6.º e 7.º), ficando os demais (2.º e 4.º) subentendidos num único gesto.

Observação: Os gestos executados com demasiada rapidez, devem ser curtos para facilitar os movimentos dos braços. Quando muito afastados entre si (gestos largos) podem causar colapsos no ritmo em andamentos acelerados. Convém ainda não acentuá-los com rigidez.

TRATADO DE REGÊNCIA — 43

Vejamos outra gesticulação para o mesmo exemplo melódico nº 11, agora com a repetição do gesto vertical.

Gesticulação:

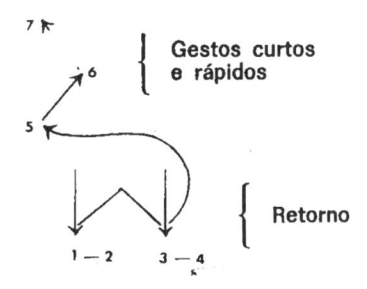

Gestos curtos e rápidos

Retorno

Mudando-se o desenho rítmico, muda-se a gesticulação.

Exemplo melódico:

(12)  ♩ = 200

Gesticulação:

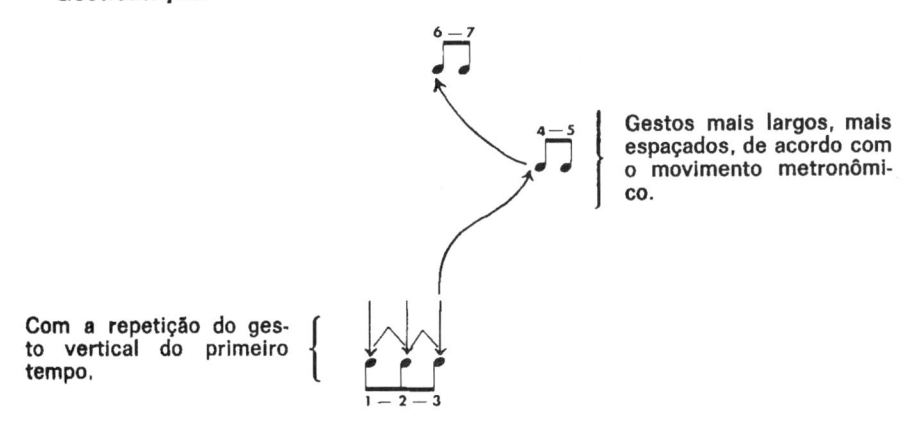

Gestos mais largos, mais espaçados, de acordo com o movimento metronômico.

Com a repetição do gesto vertical do primeiro tempo.

Outras supressões de gestos em andamentos mais vivos.

Exemplo melódico:

(13)  ♩ = 92 (♪ = ♪)

Observação: Visto que é praticamente impossível recorrer a uma indicação metronômica que abranja todo o compasso, limitâmo-nos à indicação metronômica do 1º grupo de quatro colcheias, ficando **cada valor** do grupo seguinte (3 colcheias) correspondendo ao valor de **cada colcheia** do grupo anterior. A linha pontilhada facilita a interpretação.

Vejamos a seguir a gesticulação própria para este exemplo melódico.

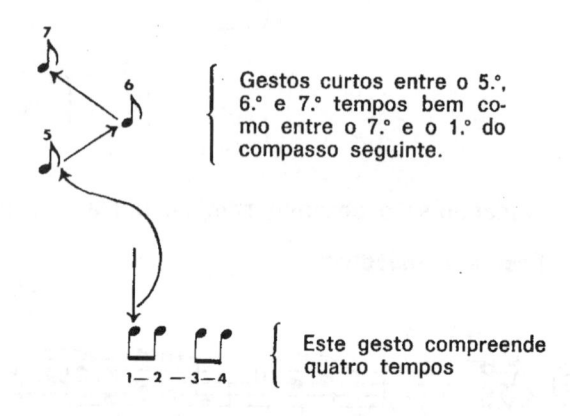

{ Gestos curtos entre o 5.º, 6.º e 7.º tempos bem como entre o 7.º e o 1.º do compasso seguinte.

{ Este gesto compreende quatro tempos

Outra gesticulação para o mesmo exemplo melódico nº 13.

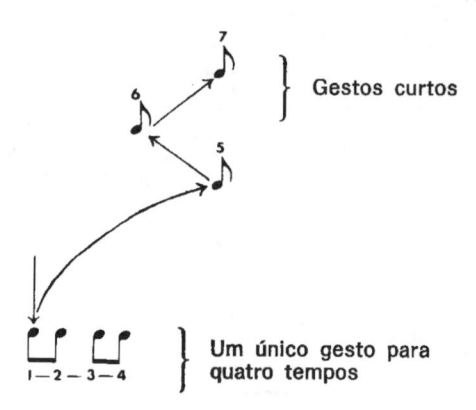

} Gestos curtos

} Um único gesto para quatro tempos

Mudando-se o desenho rítmico, muda-se a gesticulação.

Exemplo melódico:

Neste exemplo a unidade de tempo refere-se somente ao primeiro grupo de 3 colcheias, ficando o grupo seguinte, de 4 colcheias, sujeito ao mesmo raciocínio alusivo ao exemplo nº 13. A divisão em linha pontilhada facilita a interpretação do compasso.

Gesticulação:

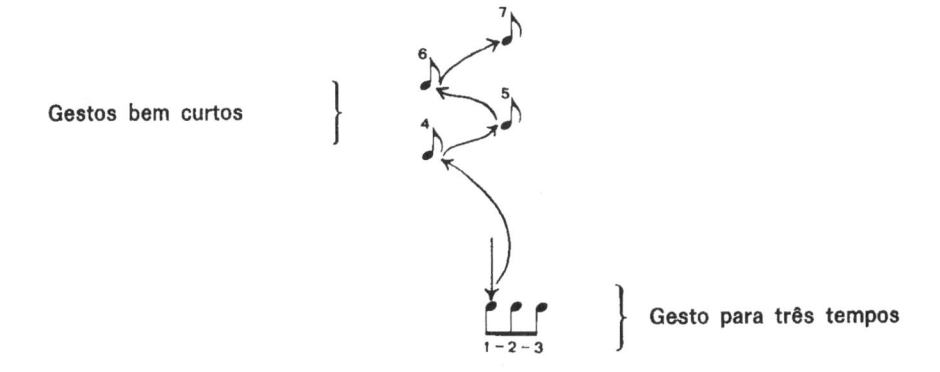

Gestos bem curtos

Gesto para três tempos

O regente pode optar, para o mesmo exemplo melódico, a forma seguinte:

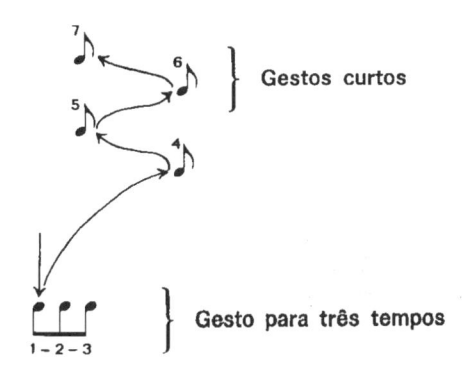

Gestos curtos

Gesto para três tempos

Suprimindo-se outros gestos, ainda para o último exemplo melódico:

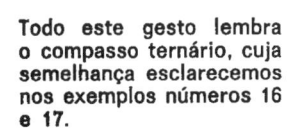

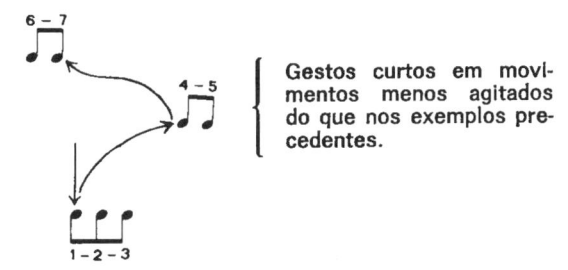

Todo este gesto lembra o compasso ternário, cuja semelhança esclarecemos nos exemplos números 16 e 17.

Gestos curtos em movimentos menos agitados do que nos exemplos precedentes.

Podemos inverter a gesticulação acima, passando o 4º e 5º tempos para a esquerda, conservando-se os demais na mesma posição.

Observação: Em certos casos o percurso dos braços numa gesticulação que tem um ou mais gestos omitidos (por força do andamento), pode ser confundido com o percurso de uma outra gesticulação, cujos tempos ou partes destes são assinalados integralmente. Enquanto num percurso os gestos conservam a mesma duração entre si, noutro, pelo contrário, alguns gestos são distanciados uns dos outros por movimentos mais lentos ou mais acelerados. A diferença entre estas duas gesticulações está na duração que se deve observar entre os movimentos dos braços de um e de outro percurso. Retornemos ao compasso de cinco tempos para exemplificarmos esta semelhança.

Exemplo melódico:

Gesticulação:

Gestos curtos

Três tempos num só golpe

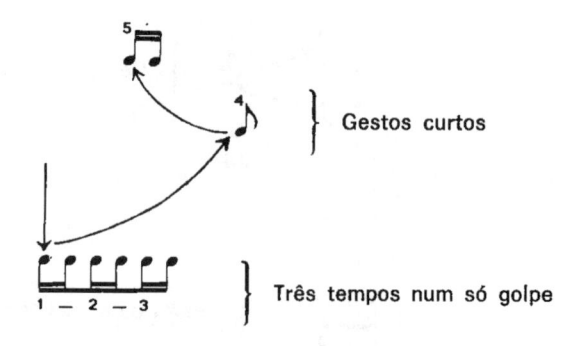

Aos olhos de qualquer interessado, o desenho da gesticulação acima (próprio do compassso de cinco tempos) lembra a gesticulação do ternário simples, com as setas indicando posições bem definidas, muito embora os movimentos dos braços sejam diferentes entre si, às vezes mais vagarosos ou mais acelerados (em relação ao desenho do compasso de cinco tempo). Vamos compará-los lado a lado.

Exemplo melódico de um compasso de cinco tempos:

Exemplo melódico de um compasso de três tempos:

(17) [partitura: ♩ = 120, 3/4]

Gesticulação própria de cada compasso:

Compassos de cinco tempos:

{ Gestos curtos

{ Um gesto para três tempos

Compassos de três tmepos:

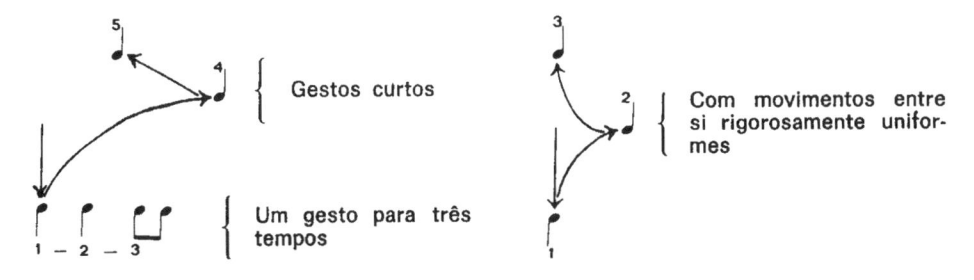

{ Com movimentos entre si rigorosamente uniformes

COMPASSOS ALTERNADOS DE NOVE TEMPOS

Sim, compassos de nove tempos que não têm relação alguma com o seu homônimo composto. Se dividirmos este compasso em dois outros, de acordo com a obsoleta teoria dos compassos alternados, teríamos como símbolo métrico um compasso simples e outro que, por sua própria natureza, já é alternado, ou vice-versa.

Exemplo:

$\frac{9}{8} = \frac{4}{8} + \frac{5}{8}$ (dois símbolos métricos distintos)

Na divisão, na forma em que se encontram os dois símbolos, se separados por barras de linha pontilhadas, como temos exemplificado, a dupla gesticulação é cabível, mas incoerente com o nosso princípio de que não devemos voltar ao mesmo ponto o gesto do 1º tempo.

Vejamos, coerente com a nossa teoria, como interpretar um trecho melódico sujeito ao compasso em questão.

Exemplo melódico:

(18) [partitura: ♪ = 104, 9/8]

Gesticulação:

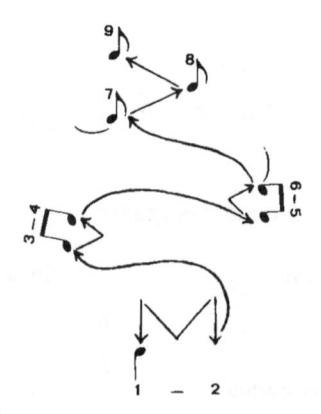

Para o mesmo desenho melódico exemplificado, vejamos uma outra gesticulação com a supressão de três marcações e num andamento mais acelerado.

$\eighthnote = 184$

Assinalam-se somente os tempos que as setas indicam.

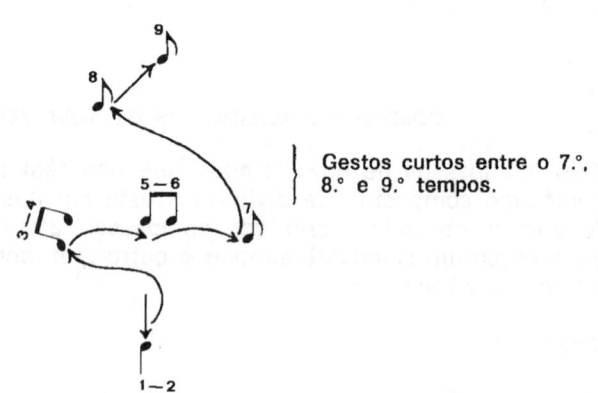

Gestos curtos entre o 7.º, 8.º e 9.º tempos.

Mais uma variação de esquema de gesticulação, ainda para o exemplo melódico n? 18.

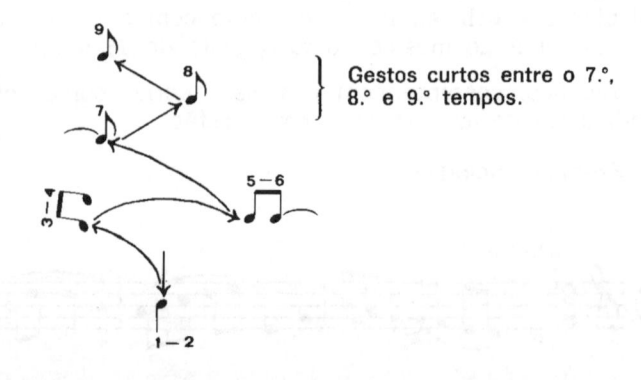

Gestos curtos entre o 7.º, 8.º e 9.º tempos.

TRATADO DE REGÊNCIA — 49

Mudando-se o desenho rítmico, muda-se a gesticulação.

Exemplo melódico:

(19) [partitura musical, ♪ = 160, 9/8]

Gesticulação:

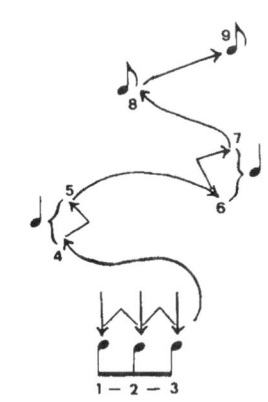

Aqui, todos os movimentos, de um para outro tempo, são idênticos porque assim permite o andamento.

Mudando-se o desenho rítmico, muda-se a gesticulação.

(20) [partitura musical, ♪ = 160, 9/8]

Gesticulação:

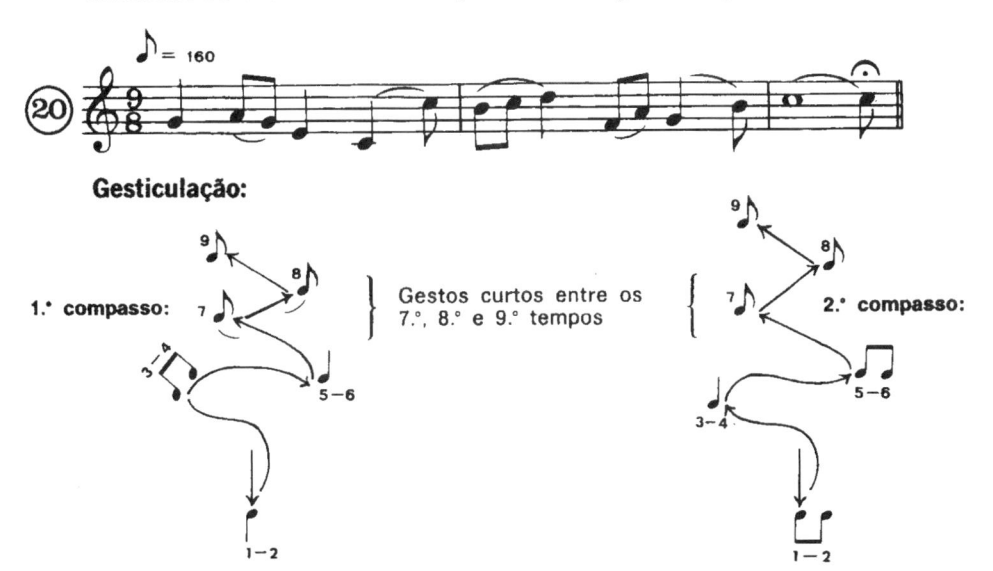

1.º compasso: Gestos curtos entre os 7.º, 8.º e 9.º tempos 2.º compasso:

No esquema acima vê-se que há necessidade da articulação dos 7º, 8º e 9º tempos, a fim de orientar o ataque da última colcheia.

OUTROS COMPASSOS ALTERNADOS EMPREGADOS NA MÚSICA MODERNA

Na música contemporânea encontramos, vez por outra, símbolos métricos que nos deixam confusos e perplexos ao primeiro exame. Folheando partituras de alguns compositores de nossos dias, deparamos com os mais estranhos símbolos de compassos, dentre os quais destacamos o seguinte:

COMPASSO ALTERNADO DE DEZ TEMPOS

Exemplo rítmico:

♩.=80 (♪ = ♪)

(Apresentamos apenas os valores fora da pauta, exemplo suficiente para esclarecer o nosso objetivo).

(21) 10/8 ... etc.   A linha pontilhada é do próprio autor

Gesticulação:

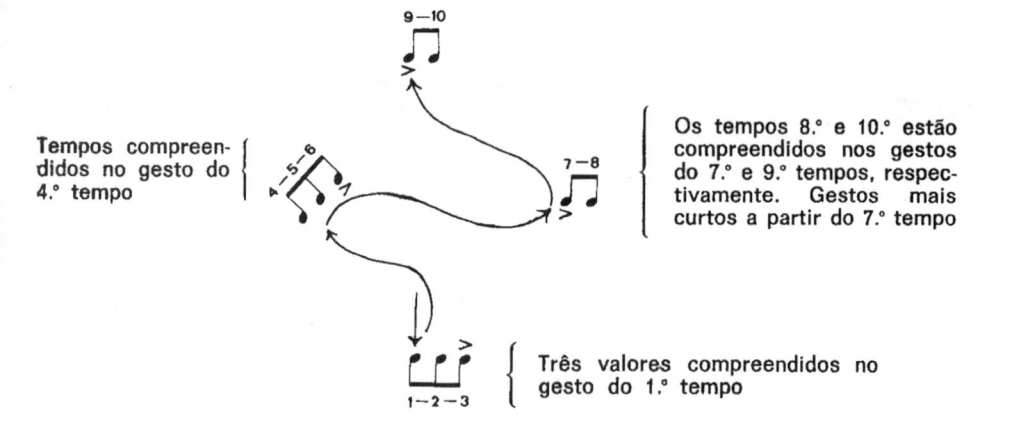

Tempos compreendidos no gesto do 4.º tempo

Os tempos 8.º e 10.º estão compreendidos nos gestos do 7.º e 9.º tempos, respectivamente. Gestos mais curtos a partir do 7.º tempo

Três valores compreendidos no gesto do 1.º tempo

No desenho rítmico exemplificado há um acento (do próprio autor) sobre o último valor de cada grupo de três colcheias. Trata-se de um efeito provocado por um sinal de dinâmica. Se lhe aprouver, o regente poderá assinalá-lo com um gesto correspondente. Dado o andamento, ele o fará com um gesto curto mas de munheca (jogo do pulso), pois, com o braço, o ritmo estará sujeito a um atraso prejudicial à execução.

Exemplo para o mesmo desenho rítmico em causa:

TRATADO DE REGÊNCIA

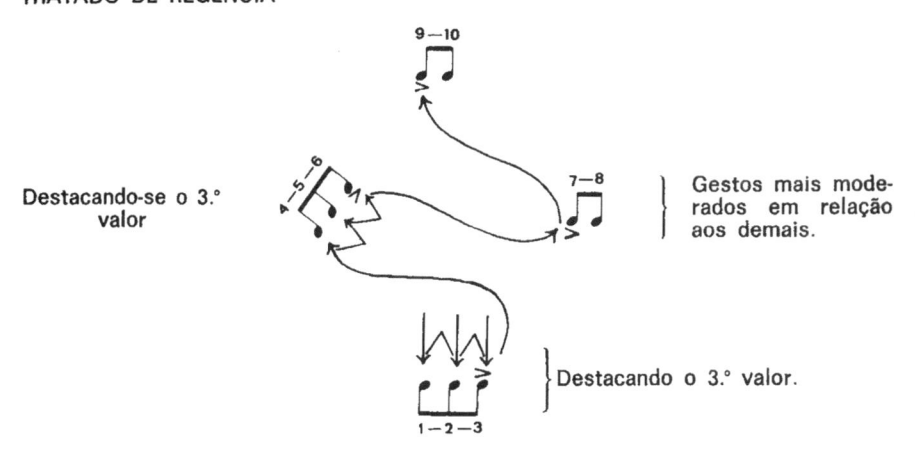

Destacando-se o 3.º valor

Gestos mais moderados em relação aos demais.

Destacando o 3.º valor.

Com relação aos dois últimos grupos de colcheias, não há necessidade desta observação porque os acentos do autor coincidem com os gestos do 7º e 9º tempos, os quais, por natureza, já subentendem uma acentuação normal.

Dividindo este compasso $\frac{10}{8}$ em dois outros, de acordo com a velha teoria que rege tais compassos, teremos um símbolo métrico de $\frac{6}{8}$ e outro de $\frac{4}{8}$. Não vemos, no entanto, necessidade deste desmembramento, pois, na gesticulação que empregamos, ficou bem caracterizado o compasso $\frac{10}{8}$, na forma que temos recomendado.

Se invertermos os grupos de valores do esquema rítmico exemplificado, a gesticulação acompanhará esta inversão.

Esquema invertido:

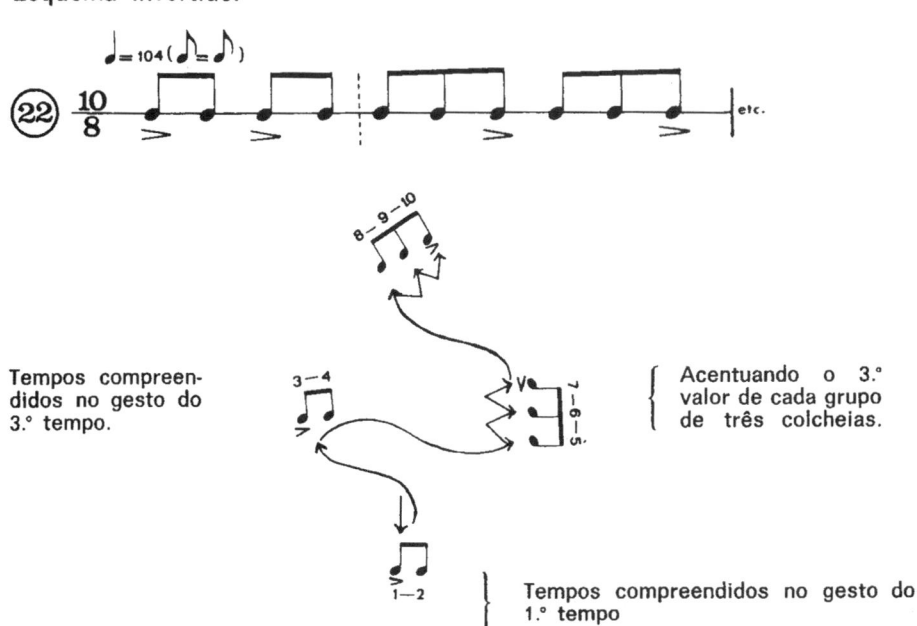

Tempos compreendidos no gesto do 3.º tempo.

Acentuando o 3.º valor de cada grupo de três colcheias.

Tempos compreendidos no gesto do 1.º tempo

COMPASSOS ALTERNADOS DE ONZE TEMPOS

Exemplo melódico:

㉓ $\frac{11}{8}$ [notação musical, ♩ = 90] etc.

Gesticulação:

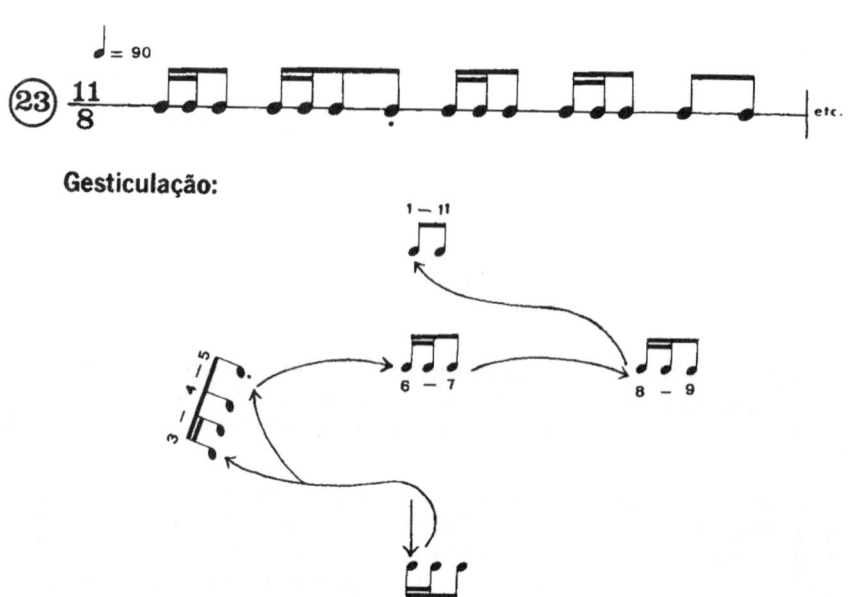

[diagrama de gesticulação com grupos 1-11, 6-7, 8-9, 3-4-5, 1-2]

Raciocínio: Não se assinalando todos os tempos mas acentuando-se, ligeiramente, o 5º tempo a fim de orientar o ataque do 6º tempo. Trata-se de um esquema rítmico bem irregular no 2º grupo, formado de duas semicolcheias e duas colcheias. Os demais grupos, pela constituição rítmica de cada um, não oferecem dificuldades na regência, pois são bem uniformes.

Houve, no exemplo em causa, uma quebra de uniformidade rítmica do 2º ao 3º grupo de valores, conseqüência da natureza do compasso $\frac{11}{8}$. Essa dessimetria enriqueceu a obra com um detalhe rítmico muito original.

Vejamos um outro exemplo, agora melódico, de nossa autoria, contendo o mesmo grupo irregular (em relação aos demais) empregado no exemplo precedente.

Exemplo melódico:

㉔ [notação musical em $\frac{11}{8}$, ♩ = 90] etc.

TRATADO DE REGÊNCIA — 53

Gesticulação:

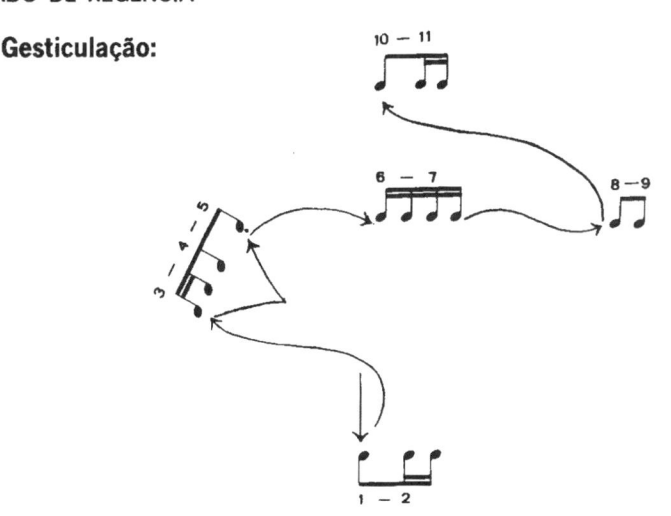

Raciocínio: Um gesto para cada grupo de dois tempos com exceção do 2º grupo (duas semicolcheias e duas colcheias), cujo 6º valor (5º tempo) deve ser assinalado na regência para preparar o ataque do 6º tempo. O ponto de irregularidade de ambos os desenhos rítmicos, figura no grupo das duas semicolcheias e duas colcheias (4º, 5º e 6º tempos).

Poderíamos exemplificar o compasso $\frac{11}{8}$ com outras combinações rítmicas, mas dada a extensão deste Capítulo, limitâmo-nos aos dois exemplos comentados.

Observação oportuna e necessária: Infelizmente não podemos citar exemplos de trechos melódicos de obras modernas famosas porque a Lei que regula os **direitos autorais** não nos permite tais citações sem a prévia autorização dos autores ou de seus representantes legais: trabalho longo e enfadonho. Apesar desta restrição, pesquisamos dezenas de obras modernas para elaborarmos esta fase de estudo relativa aos símbolos métricos enumerados. Nossos exemplos rítmicos e melódicos preenchem totalmente aquela lacuna.

OS GENUÍNOS COMPASSOS ALTERNADOS

São os compassos constituídos de dois símbolos métricos representados por uma combinação de duas frações ordinárias colocadas uma ao lado da outra.

Vejamos um exemplo:

$\frac{2}{8}$ $\frac{3}{8}$ Esta simbolização significa que no decorrer de um trecho musical encontraremos, sucessiva ou periodicamente, compassos de dois e de três tempos, tendo como única unidade de tempo comum, a colcheia. Símbolos como estes empregam-se sempre no início da obra ou no decorrer da mesma, quando houver transformações rítmicas e metronômicas a obedecer.

Exemplo rítmico:

㉕ ♪=200 — 2/8 3/8 (2) (2) (3) (3) (2) (2) etc.

ou então:

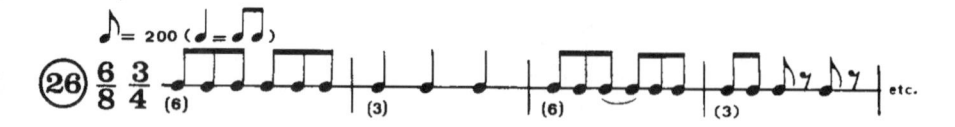

㉖ ♪=200 (♩=♪♪) — 6/8 3/4 (6) (3) (6) (3) etc.

Esta maneira de representar os símbolos métricos é empregada para se evitar a constante indicação de mudanças de compassos no decorrer de um trecho musical ou da obra inteira, recurso, também, de que se valem os compositores modernos para aplicarem a poliritimia em suas obras.

Podemos ainda admitir três símbolos métricos seguidos, sendo o terceiro a soma dos dois primeiros.

Exemplo rítmico:

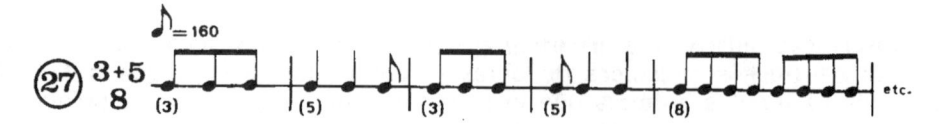

㉗ ♪=160 — 3+5/8 (3) (5) (3) (5) (8) etc.

Com estes últimos exemplos damos por encerrado o estudo relativo aos **compassos alternados**. Estudâmo-los nas formas antiga (condenada por nós) e moderna, esta última representando os autênticos **compassos alternados**.

COMPASSOS MISTOS

Caracterizam-se pela superposição de símbolos métricos, os quais, dependendo do andamento, são interpretados de duas maneiras distintas:

1º — Num **andamento** acelerado, quando se deve empregar **um único gesto** (gesto vertical do 1º tempo), assinalando-se, sucessiva e simultaneamente, o 1º tempo de ambos os compassos. Os demais tempos ficam compreendidos no ar, pois, normalmente, não há a possibilidade do emprego de uma gesticulação desmembrada para se assinalar os demais tempos de cada compasso.

Suponhamos o compasso binário sobre o ternário ou vice-versa.

Exemplo rítmico:

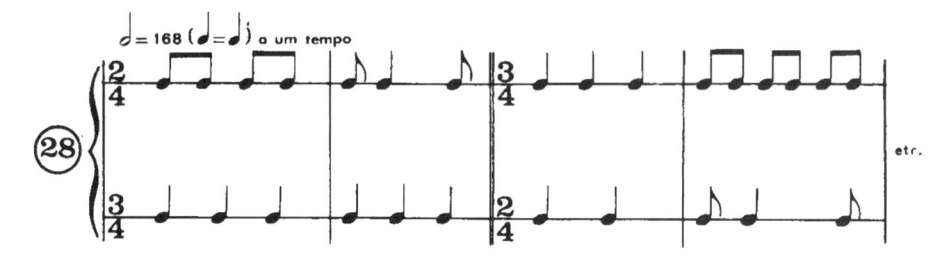

Gesticulação:

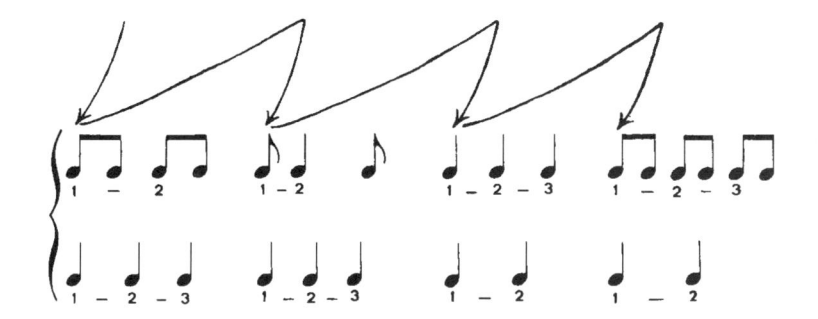

Para o caso acima, dado o andamento, o regente convencionará com a orquestra (ou a banda) a execução de um único gesto (do 1º tempo), seja para o binário ou para o ternário, ficando ambos os compassos compreendidos simultaneamente. Há regentes que têm a habilidade excepcional de fazer sentir na gesticulação os tempos de cada compasso simultaneamente. Só com perfeita automatização de gestos ele conseguirá este temerário empreendimento.

Raciocínio: Enquanto uma parte do conjunto instrumental executa em dois tempos a outra parte executa em três tempos, ambos concomitantemente e sujeitos a um único gesto para cada compasso.

2º — Num **movimento moderado,** a marcação única para todos os valores de cada compasso não procederia, visto que os demais tempos ficariam sem uma referência na gesticulação. É hábito, nestas circunstâncias, marcar todos os tempos de ambos os compassos com o gesto único do primeiro tempo (gesto vertical). Embora não sejam descritos na gesticulação a posição correta dos demais tempos do compasso, a marcação sucessiva para baixo (gesto vertical) faz, pelo menos, a execução se manter com uniformidade. Como no caso precedente, há necessidade de uma convenção entre o regente e o conjunto instrumental sobre a maneira de como entender as marcações verticais.

Exemplo rítmico:

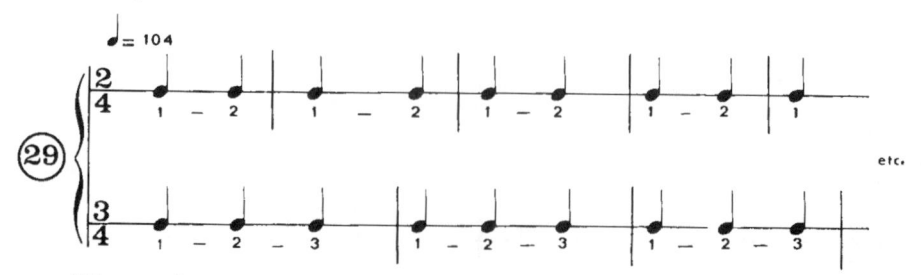

(partitura)

Não sendo a um tempo, um único gesto para qualquer dos compassos, como no exemplo anterior, as barras não são coincidentess, o que só se verificará de período em período.
Exemplo melódico:

(partitura)

Ponto de coincidência do 1º tempo de ambos os compassos: terceiro compasso do ternário com o 4º do binário. No exemplo 28 houve coincidência simultânea de barra e neste último, a coincidência simultânea deu-se no 1º tempo de cada compasso na forma acima descrita.

OUTRAS MODALIDADES DE CONSIDERAR OS SÍMBOLOS MÉTRICOS: DOS MAIS VULGARES AOS MAIS COMPLEXOS

Advertência: Os **compassos alternados,** na forma como os concebemos, sofrem alterações de uniformidade na gesticulação, a fim de evitar movimentos exagerados e acelerados de gestos. Dos solfejos que apresentamos adiante, constam **opções** na gesticulação dos símbolos métricos $\frac{5}{8}$, $\frac{7}{8}$, $\frac{9}{8}$, $\frac{10}{8}$ e $\frac{11}{8}$. Consistem tais opções na omissão de alguns gestos para facilitar a ação do regente. Nos trechos em que se encontram esses símbolos métricos, encontra-se a maneira correta de se interpretar a **opção** na gesticulação. O emprego da opção corresponde, em geral, aos andamentos mais acelerados.

Aliás, todo e qualquer símbolo métrico pode estar sujeito a reduções de gestos. No compasso binário, por exemplo, num andamento acelerado, podemos reduzi-lo num só gesto, apesar de seus dois tempos (ex.: 1º movimentos da V sinfonia de Beethoven). Nas mesmas condições do compasso binário, o ternário pode, igualmente, ser marcado em um tempo (ex.: 3º movimento da I sinfonia de Beethoven). O quaternário, da mesma forma, pode ser reduzido a dois tempos, assim como os compassos de seis e nove tempos podem ser reduzidos a dois e três tempos, respectivamente. As gerticulações mais difíceis são as empregadas nos **genuínos compassos alternados,** como veremos dentro de instantes.

Das teorias até aqui explanadas partiremos para novos conhecimentos. Entretanto, prevenimos, repetiremos, vez por outra, mas de forma mais aprofundada e desenvolvida, assuntos já comentados. Em seguida atingiremos o plano de exercícios de mudanças súbitas de compassos de toda a natureza. Precedendo esse plano, prepararemos o espírito do interessado com considerações necessárias à prática dos referidos exercícios.

Observação: Muitas vezes substituímos o termo **compasso** por **símbolo métrico,** este último o mais conceituado por nós, pois, **compasso** é o espaço compreendido entre duas barras. A insistência no emprego de ambos os termos, não foi lapso, mas unicamente a intenção de conservar, algumas vezes, a expressão «compasso», já tão difundida na prática como vício.

CAPÍTULO V

PLANO PARA O ESTUDO METÓDICO DA REGÊNCIA ATRAVÉS DE SOLFEJOS, ENTOADOS COM O EMPREGO SIMULTÂNEO DA GESTICULAÇÃO

Ao marcarmos os compassos das séries adiante apresentadas, devemos, inicialmente, considerar a unidade de tempo de cada símbolo métrico para determinarmos a **unidade de tempo padrão.** Sendo uma série heterogênea, pois os **denominadores,** os quais indicam a referida unidade de tempo, nem sempre são idênticos, convém, então, estabelecermos a relação entre todos os símbolos métricos para efeito da divisão matemática na gesticulação. Como resultado desta coordenação de medidas heterogêneas, a unidade de tempo padrão recai sobre um valor inferior à maior unidade de tempo que figura na série. O resultado desta operação, aliado a uma gesticulação adequada, proporciona aos músicos executantes a clareza necessária manifestada nos gestos do regente.

Para bem interpretar o nosso pensamento, o observador atento imaginará o martelar constante dessa unidade inferior, sempre que estiver regendo um trecho subordinado a unidades de tempo superiores, sem, é claro, haver interferência das modificações de andamentos que possam interferir ocasionalmente no trecho em questão, exceção esta que estará sujeita a um outro raciocínio. Conclui-se daí, que a gesticulação torna-se irregular e assimétrica, porém lógica, pois o regente fará gestos mais rápidos em dados momentos e mais lentos noutros. Há casos em que, quando se trata da menor unidade, o regente marcará num só golpe dois ou mais valores desta unidade menor a fim de evitar uma gesticulação muito agitada, acelerada, conforme já exemplificamos em capítulos anteriores. Ao invés de subdividirmos os gestos, reduzímo-los para facilitar a gesticulação. Todavia, lembremo-nos, o martelar ritmado e constante da unidade inferior, deverá estar sempre presente **mentalmente,** muito embora tal evocação não seja assinalada na gesticulação. Esta, uma vez automatizada, dispensa o incessante martelar da unidade inferior que serviu de base no início. O regente torna-se, assim, livre daquele cuidado, preocupando-se, daqui por diante, com os detalhes expressivos daquilo que rege. Afasta-se, finalmente, de um cuidado elementar para alcançar metas mais próximas da realização artística. Solfejando e gesticulando ao mesmo tempo, conforme nossas instruções, o interessado na matéria chegará a um resultado positivo em tempo **recorde,** com base na automatização de gestos.

Para fazer sentir melhor o que comentamos sobre o martelar contínuo da unidade metronômica, damos a seguir dois exemplos, os quais servirão, inclusive, para elucidar a prática dos solfejos contidos no plano mencionado.
1º exemplo:

1º Exemplo:

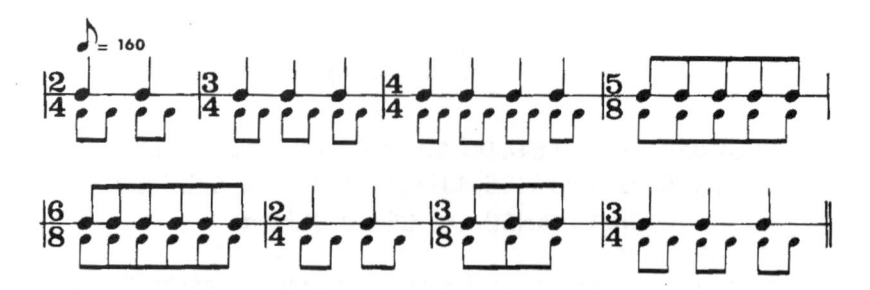

A **unidade de tempo padrão** da série acima recai sobre a **colcheia**, por ser esta o menor valor que figura como **unidade de tempo** de alguns compassos da série. O martelar constante da **unidade de tempo padrão** está indicado sob os valores reais da série exemplificada.

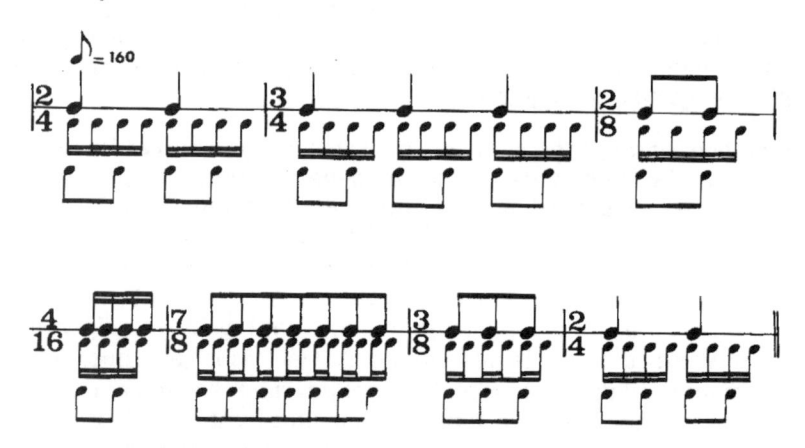

2º Exemplo:

Neste segundo exemplo a **unidade de tempo** deveria recair sobre a **semicolcheia**. Entretanto, neste caso, o martelar contínuo das semicolcheias sobrecarregaria a mente do regente. Este optará, então, pela **colcheia**, como **unidade de tempo padrão**, opção que facilitará a operação aconselhada.

Podemos afirmar que, em geral, a **unidade de tempo** de uma série heterogênea de símbolos métricos recai, freqüentemente, sobre um valor imediatamente inferior à maior **unidade de tempo** que aparece no decorrer de uma obra. Dificilmente encontraremos numa partitura orquestral uma série heterogênea de símbolos métricos cuja **menor unidade de tempo,** nela figurando, represente menos da metade do valor da **maior unidade de tempo** dos símbolos métricos que integram a série que circula pela obra. No exemplo supra-citado encontram-se, superpostas, as duas maneiras de se interpretar a escolha da **unidade de tempo padrão:** a superior, que concluímos como inconveniente e a inferior, que resta como opção para facilitar a interpretação do regente.

O plano em questão está dividido em três etapas:

PRIMEIRA ETAPA

Leitura métrica, com gesticulação, da seqüência de símbolos métricos para habilitar o aluno nas mudanças súbitas dos mesmos. Como primeira etapa do plano, o aluno adquire, gradativamente, o automatismo necessário para jogar com mãos e braços em direções diversas. Passa de um a outro compasso sem vacilar, transmitindo com gestos toda a gama de símbolos métricos a que estão subordinados os valores rítmicos descritos na **segunda etapa.**

SEGUNDA ETAPA

Já habilitado na regência dos símbolos métricos, compete agora ao aluno seguir os valores rítmicos subordinados àqueles símbolos. Ainda aqui, não há sinais expressivos para serem observados na gesticulação. Não há, na verdade, interpretação expressiva da disposição dos valores distribuídos nos compassos. O que há, na realidade, é a interpretação da seqüência dos símbolos métricos e dos valores rítmicos a eles subordinados. Nessas duas etapas, o aluno marcará os tempos e as divisões e subdivisões rítmicas, com gestos bem elementaress, sem a preocupação de interpretar com uma gesticulação opulenta, o que só fará na **terceira etapa.**

TERCEIRA ETAPA

Das nossas pesquisas resultou, como etapa final, uma melodia montada sobre os valores rítmicos (2ª equipe) distribuídos nos compassos e de acordo com a seqüência de símbolos métricos (1ª etapa). Sobre a melodia encontra-se a gesticulação adequada para cada símbolo métrico, que o aluno deverá seguir a rigor para a devida automatização.

Da fusão desses três elementos, resulta, enfim, a **realização artística.**

EXERCÍCIO N.º 1

1.ª ETAPA

Símbolos métricos: $\frac{2}{4}$ $\frac{3}{8}$ $\frac{2}{4}$ $\frac{4}{4}$ $\frac{4}{8}$ $\frac{2}{4}$ $\frac{6}{8}$ $\frac{3}{4}$ $\frac{6}{4}$ $\frac{2}{4}$

$\frac{2}{8}$ $\frac{4}{4}$ $\frac{2}{8}$ $\frac{4}{8}$ $\frac{1}{8}$ $\frac{3}{4}$ $\frac{2}{4}$ $\frac{6}{8}$ $\frac{3}{8}$ $\frac{2}{4}$

Observação: O andamento, considerando a **colcheia** como unidade de tempo, poderá variar entre o Andante e o Allegro Moderato, para os exercícios desta série e das demais que se seguem. A indicação metronômica é livre, mas subordinada aos andamentos acima descritos.

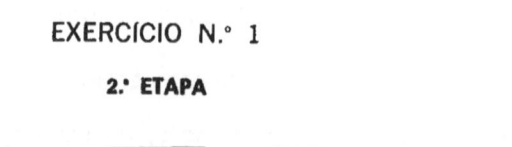

EXERCÍCIO N.º 1

2.ª ETAPA

EXERCÍCIO N.º 1

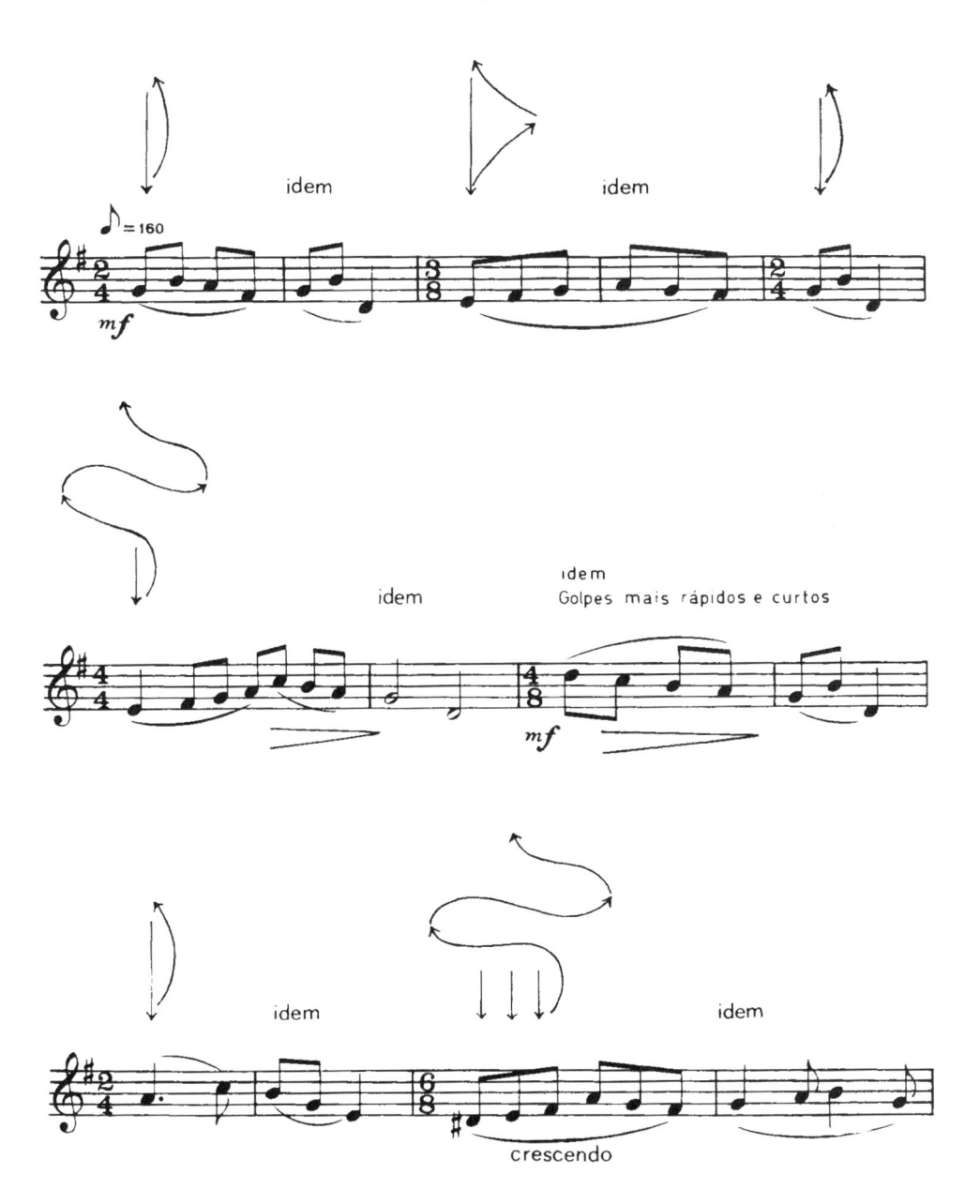

3.ª ETAPA

Observação: Encontra-se nesta 3ª etapa, o solfejo baseado na seqüência de símbolos métricos das 1ª e 2ª etapas, para ser cantado com a gesticulação assinalada sobre os compassos.

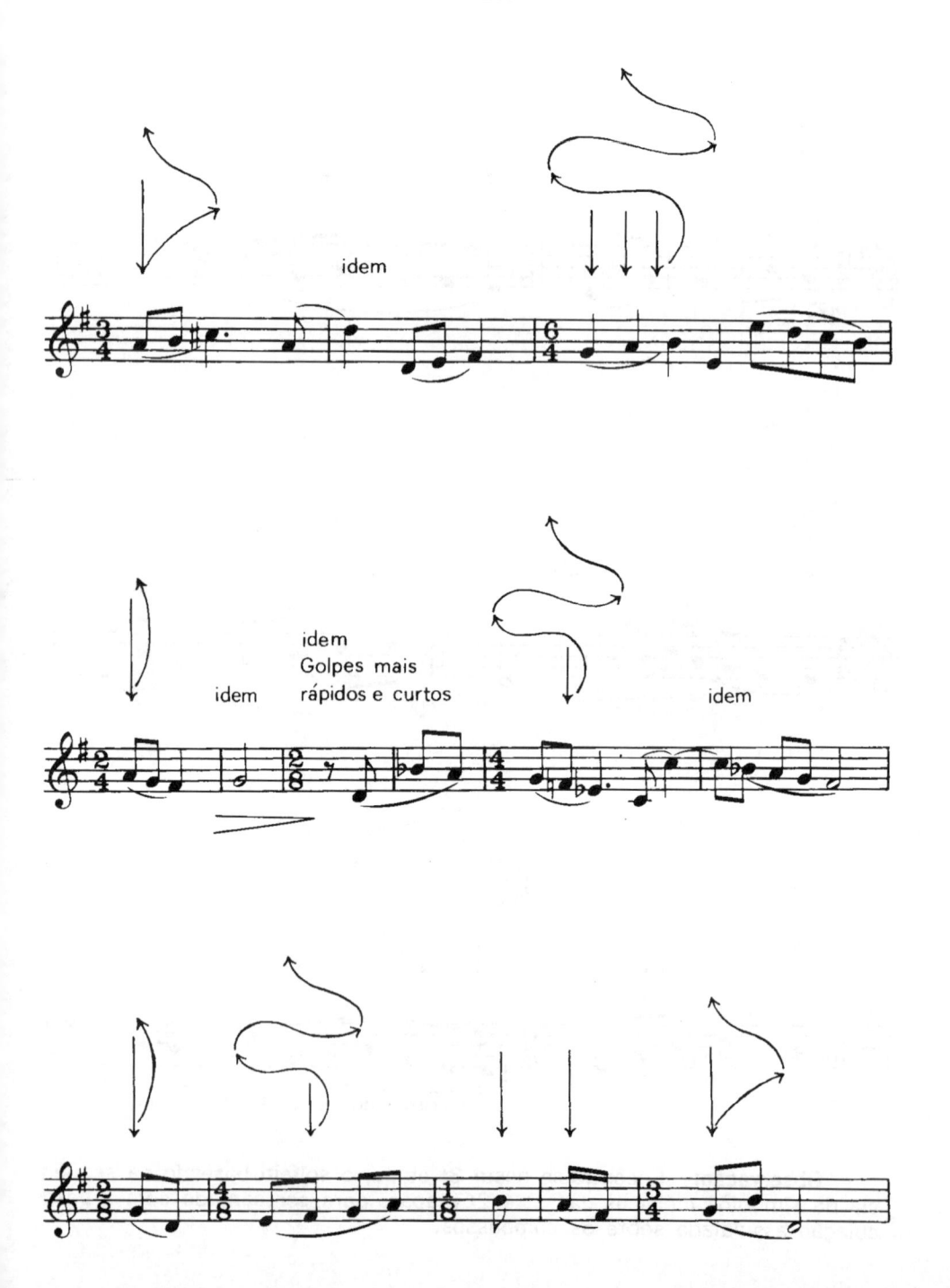

EXERCÍCIO N.º 1 (Continuação)

3.ª ETAPA

EXERCÍCIO N.º 1 (Conclusão)

3.ª ETAPA

(notação musical)

EXERCÍCIO Nº 2

1.ª ETAPA

Símbolos métricos: $\frac{4}{4}$ $\frac{3}{4}$ $\frac{2}{4}$ $\frac{4}{8}$ $\frac{3}{8}$ $\frac{2}{8}$ $\frac{5}{8}$ $\frac{7}{8}$ $\frac{2}{4}$ $\frac{3}{4}$ $\frac{6}{8}$

$\frac{3}{8}$ $\frac{4}{8}$ $\frac{2}{4}$ $\frac{2}{8}$ $\frac{3}{4}$ $\frac{9}{8}$ $\frac{7}{8}$ $\frac{4}{8}$ $\frac{2}{4}$ $\frac{4}{8}$ $\frac{3}{8}$

$\frac{2}{8}$ $\frac{4}{8}$ $\frac{3}{4}$ $\frac{2}{4}$ $\frac{5}{8}$ $\frac{2}{4}$ $\frac{7}{8}$ $\frac{4}{8}$ $\frac{3}{8}$ $\frac{6}{8}$ $\frac{7}{8}$ $\frac{4}{8}$

Observação: Considerar as recomendações sobre andamento que se encontram no exercício nº 1.

EXERCÍCIO N.º 2

2.ª ETAPA

TRATADO DE REGÊNCIA

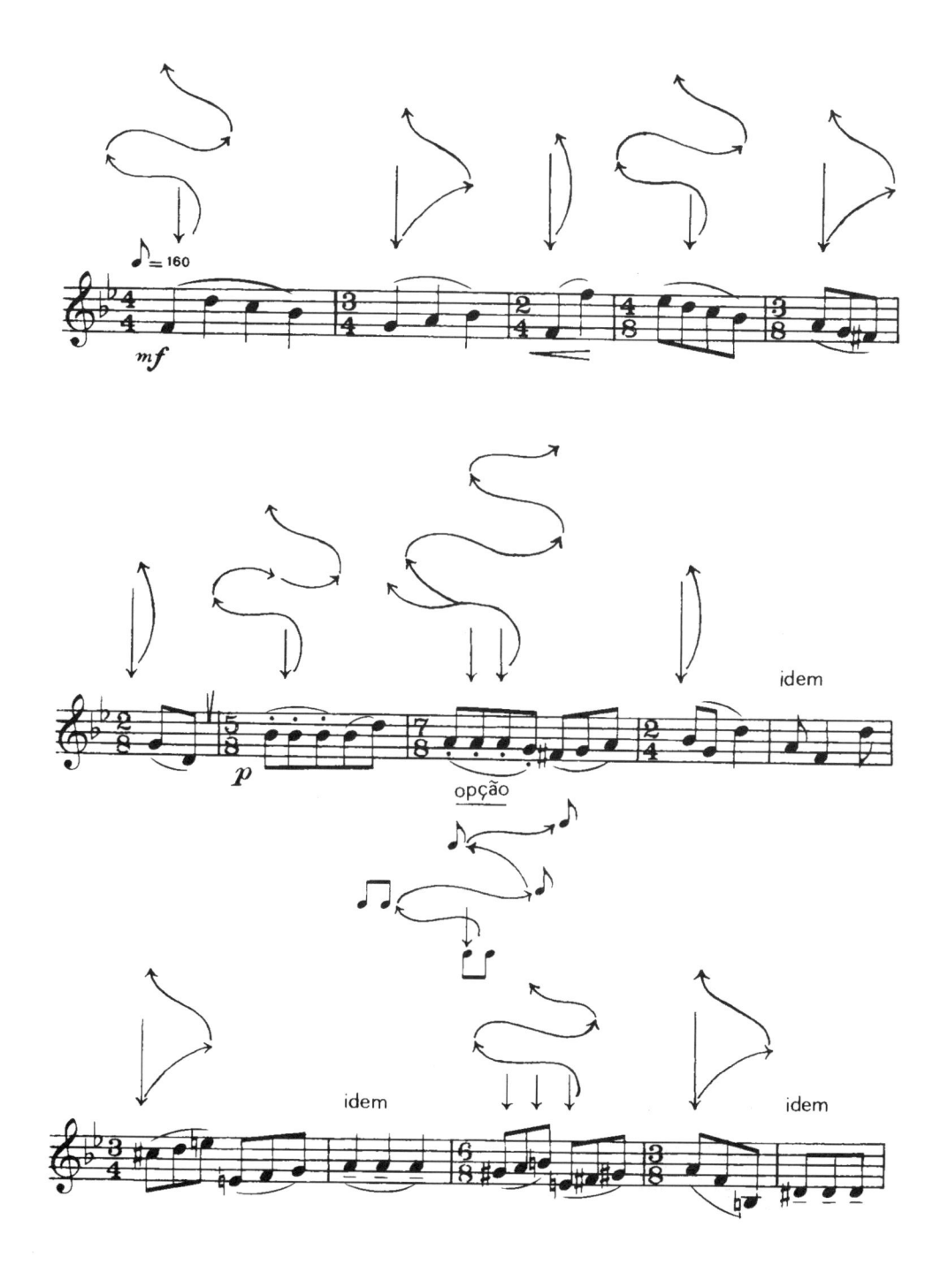

EXERCÍCIO N.º 2

3.ª ETAPA

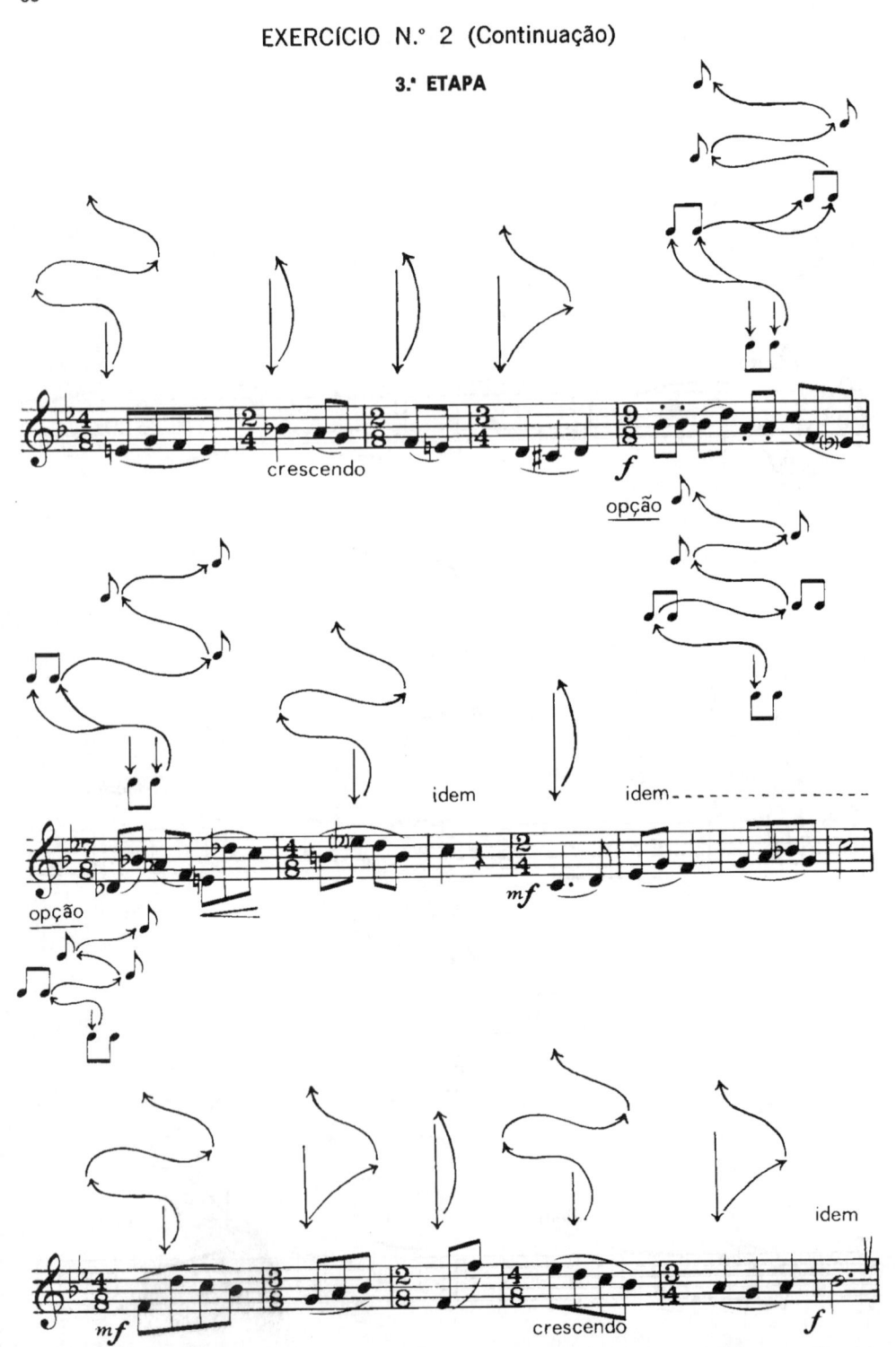

EXERCÍCIO N.º 2 (Continuação)

3.ª ETAPA

EXERCÍCIO N.º 2 (Conclusão)

3.ª ETAPA

EXERCÍCIO Nº 3

1.ª ETAPA

Símbolos métricos: $\frac{4}{4}$ $\frac{6}{8}$ $\frac{2}{4}$ $\frac{10}{8}$ $\frac{4}{8}$ $\frac{8}{8}$ $\frac{5}{4}$ $\frac{4}{4}$ $\frac{6}{8}$ $\frac{2}{4}$ $\frac{4}{4}$

$\frac{6}{8}$ $\frac{3}{4}$ $\frac{5}{4}$ $\frac{7}{8}$ $\frac{4+1}{4\ \ 8}$ $\frac{5}{4}$ $\frac{4}{4}$ $\frac{8}{8}$ $\frac{4}{4}$ $\frac{2}{4}$

Observação: Sobre andamento, as mesmas recomendações para as etapas anteriores.

EXERCÍCIO N.º 3

2.ª ETAPA

EXERCÍCIO N.º 3

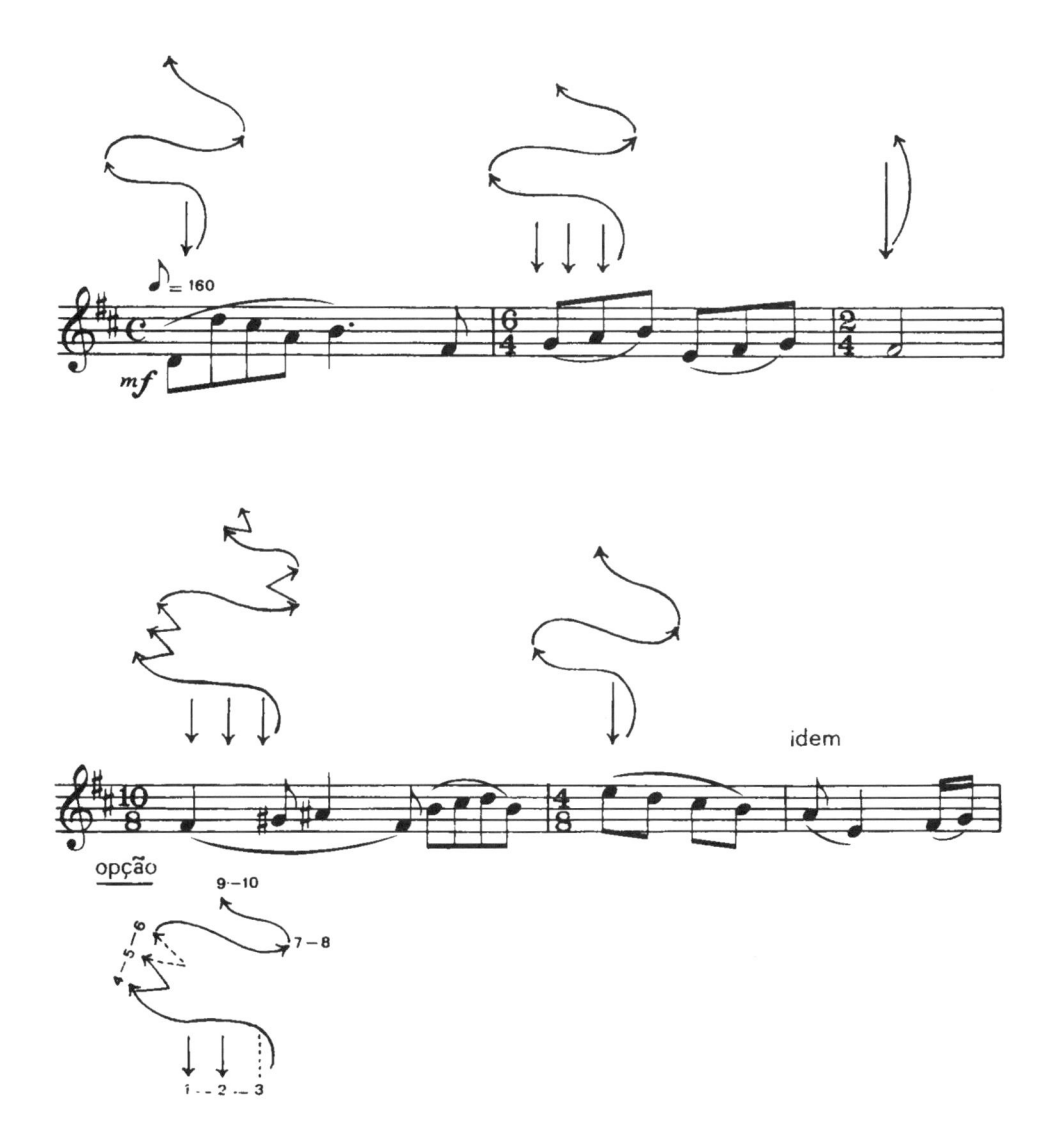

3.ª ETAPA

Os tempos 3º, 6º, 8º e 10º, na opção do compasso $\frac{10}{8}$, não são assinalados na gesticulação, mas o regente conservará, **mentalmente**, esses tempos, os quais correspondem aos gestos omitidos. A linha pontilhada, indicando os 3º e 6º tempos, representa a referida omissão. Esta gesticulação aconselhada como opção, facilita a ação do regente, especialmente no caso de andamentos acelerados. Já recomendamos gestos bem curtos quando qualquer trecho exigir movimentos agitados dos braços. É mais elegante e poupa esforços inúteis.

EXERCÍCIO N.º 3
3.ª ETAPA

opção

mf

mf

mp

opção

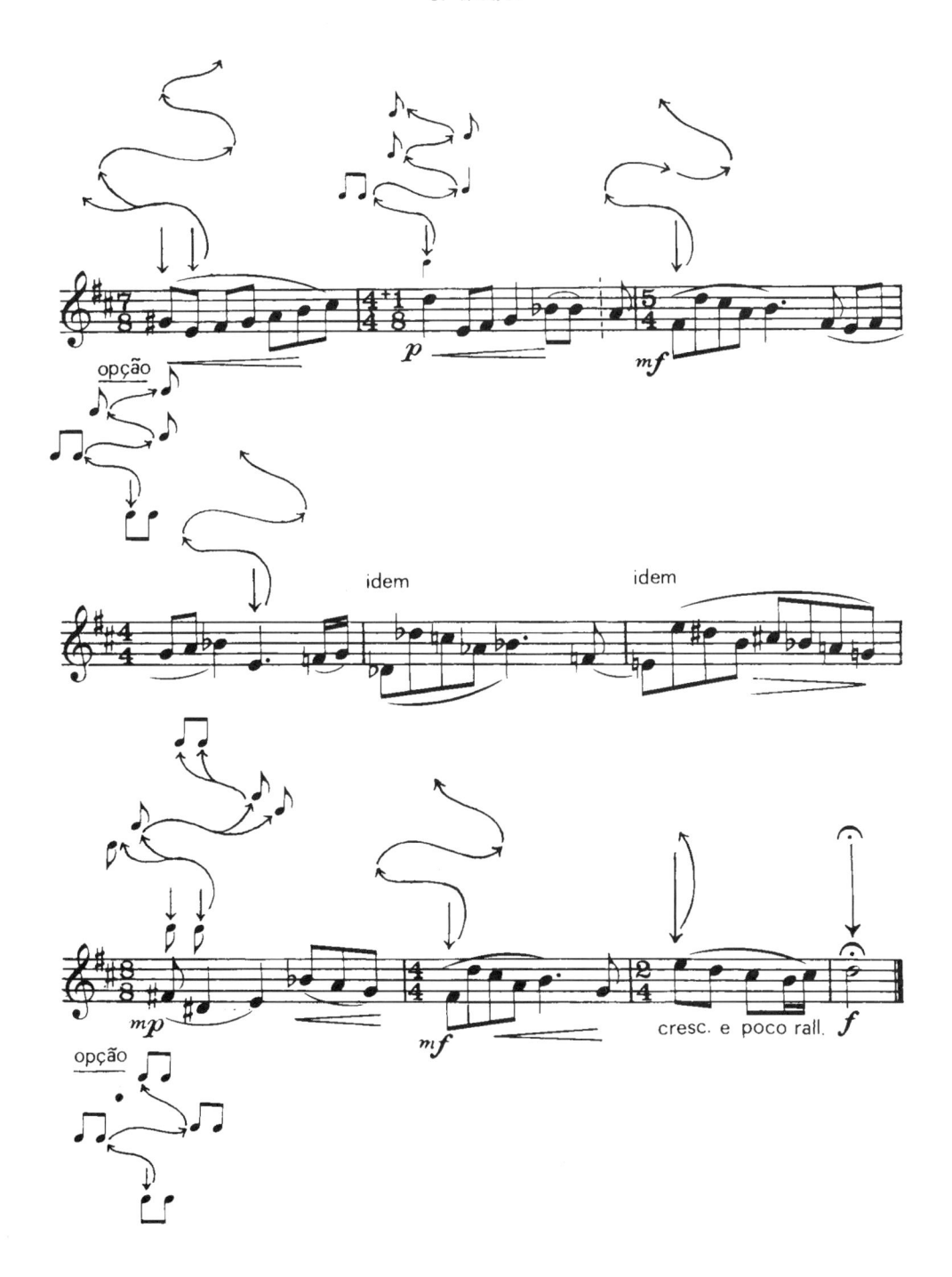

EXERCÍCIO N.º 3

3.ª ETAPA

CAPÍTULO VI

NOÇÃO DE PROFUNDIDADE

O sentido de **noção de profundidade substitui,** com muita propriedade, o que vulgarmente se denomina **noção de conjunto.** Preferimos o nosso título por se enquadrar melhor à realidade técnica do assunto.

É sabido que muitos regentes conduzem a orquestra (ou banda de música) orientando-se unicamente pela idéia principal que corre pela obra, melhor dizendo, pela melodia que supera as demais vozes de uma partitura instrumental. Incorrem, com este procedimento, em grave erro. Abandonam as minúcias da partitura, julgando a idéia melódica fator principal de atenção e ignorando as demais vozes do conjunto, as quais devem, igualmente, ser objeto de estudos profundos.

A superfície gráfica de uma partitura, em geral na forma retangular, apresenta-se aos olhos de tais regentes na forma afunilada, no sentido figurado, tendo na boca a idéia principal e diminuindo de largura à medida que mergulha na massa sonora acompanhante. Cabe ao regente criterioso alargar as dimensões dos sentidos visual e auditivo para atingir a partitura em toda a sua plenitude: superfície e planos sonoros subseqüentes. Por isso se diz, com muito acerto, que os regentes pianistas superam, durante o aprendizado da regência, os que se dedicaram exclusivamente a instrumentos melódicos. O piano, como é do conhecimento de qualquer instrumentista, é, por natureza, um instrumento polifônico que substitui a orquestra no que concerne à melodia acompanhada da massa sonora. Franz Liszt, com os seus requintados arranjos de famosos trechos de óperas wagnerianas, provou-nos a verdade desta asserção. Só nos resta, então, aconselhar aos estudantes de regência um conhecimento do teclado do piano que os possibilitem reduzir, neste privilegiado instrumento, todo o complexo sonoro de uma partitura sinfônica. É um arecurso de primeira ordem que favorece e abrevia o tempo dedicado a análise de partituras orquestrais.

Nossas críticas são dirigidas, naturalmente, aos maus profissionais da batuta que, por um ou outro motivo, não tiveram ao seu alcance o piano. Não obstante, façamos justiça, existem regentes, entre nacionais e estrangeiros, que se tornaram famosos à frente de inúmeros conjuntos sinfônicos universais, sem terem recorrido ao piano na sua formação profissional.

ANDAMENTOS — FERMATA — DINÂMICA — AGÓGICA

Reservamos para final deste Tratado, o significado de alguns vocábulos e sinais expressivos da nomenclatura musical que encontramos no decorrer de uma partitura sinfônica. Assunto elementar, mas necessário à série de conhecimentos que ampliam a cultura musical de um regente. Trata-se dos **andamentos, fermata, dinâmica** e **agógica.**

ANDAMENTOS

O andamento de uma obra, quando indicado por vocábulos, não determina com exatidão o movimento imaginado pelo autor. O **Andante Maestoso,** por exemplo, deve ser mais lento e arrastado do que o **Andante Expressivo.** Todavia, pode dar-se o caso da inversão de movimento, isto é, o **Andante Expressivo,** apesar do sentido do adjetivo e embora o caráter do trecho, ser mais movimentado do que o **Andante Maestoso.** Hoje em dia emprega-se a **escala metronômica** para se determinar com precisão o andamento desejado. Graças ao **metrônomo** (aparelho inventado em 1816, por Johann Maëlzel, amigo de Beethoven) o tema andamento já não é mais assunto de polêmicas entre os intérpretes das obras que surgiram após o aparecimento de tão precioso aparelho.

Há compositores que, além de determinarem o andamento metronômico, empregam ainda os vocábuloss, pretendendo com isso exprimir com mais propriedade o caráter do trecho subordinado às indicações metronômicas.

Damos a seguir, para ilustrar o assunto, a graduação de andamentos e a correspondência em palavras italianas usualmente empregadas, segundo o quadro instituído por Mathis Lussy e encontrado no metrônomo de Maëlzel.

Lento {	Largo ou Adagio	de 40 a 60
	Larghetto	de 60 a 72
Moderato {	Andante ou Andantino	de 72 a 84
	Allegretto	de 85 a 120
Vivo {	Allegro	de 120 a 150
	Presto	de 150 a 180
	Prestíssimo	de 180 a 208

Pondo-se o aparelho regulado em 60 oscilações por minuto, deve cada oscilação durar exatamente um segundo e, em 120, meio segundo. Partindo-se deste princípio, estabelece-se, em seguida, o andamento de qualquer outra indicação metronômica.

FERMATA

A deturpação de um seguimento rítmico ou a interrupção de movimento pelo prolongamento de um som, de um acorde, de uma pausa ou ainda pela suspensão entre tempos e compassos, é causada pelo sinal denominado **fermata.** Este sinal, que prolonga um som, um acorde, uma pausa ou provoca um silêncio entre tempos e compassos, tem sido motivo de controvérsias entre muitos regentes, numa infinidade de casos onde ele é aplicado.

Para uns, a fermata conserva o valor do som que ela sustenta, acrescido de mais a metade deste valor, mas, para outros, essa duração é arbitrária, fugindo a qualquer sujeição metronômica. Aconselhamos a obediência à relação metronômica entre valor e seu prolongamento pelo efeito da fermata, para se estabelecer uma conduta comum entre os regentes. Todavia, haverá, exeções, visto que, inúmeras vezes, o prolongamento pela duplicação de parte do valor da nota sob uma fermata, pode resultar muito exagerada e, também, inexeqüível, se considerarmos que o tempo de prolongamento de um som num instrumento de sopro depende da resistência respiratória do executante. Quanto aos instrumentos de arco e cordas, o prolongamento do som não é tão limitado graças à ação do arco, cujo comprimento e movimentos de retorno possibilitam esta particularidade.

O CORTE DE UMA FERMATA

Entende-se por cortar uma fermata a interrupção que dela se faz após cessar o tempo de duração que lhe é atribuído. É o ato de interrompê-la bruscamente quando se lhe deu o tempo necessário de duração. Na regência significa interromper o seu valor após o tempo prescrito, com um gesto brusco em direção ao tempo ou parte deste seguinte. A duração da fermata conforme já esclarecemos, varia de acordo com o valor métrico que ela sustenta.

A DINÂMICA

A dinâmica é o grau de intensidade que se imprime a um som ou a um acorde, tornando-os **forte, meio-forte, fraco** (piano) ou **fraquíssimo** (pianíssimo). A graduação da dinâmica é impossível de se expressar com precisão na partitura, mas os regentes e os próprios executantes sabem como graduá-la nos momentos em que se faz necessária a mudança de intensidade.

A DINÂMICA NA REGÊNCIA

Para se graduar a dinâmica de um som ou de um acorde, modifica-se a simetria da gesticulação, assinalando-se, com maior ou menor vigor de gestos, a intensidade sonora que se deseja. No caso de todo um trecho musical, emprega-se uma gesticulação simétrica mas subordinada à intensidade que se deve dar ao mesmo. No primeiro caso (um som um um acorde), emprega-se o que classificamos de **gesto isolado** e no segundo, qualquer outro gesto que se adapte à situação, mas em série.

AGÓGICA

O relaxamento ou a aceleração de um andamento musical, resulta no que se denominou **agógica**. Trata-se da modificação do andamento por imposição das expressões «**ritardando**» ou «**rallentando**», «**affretando**«, «**tempo rubato**», «**a tempo**» ou «**tempo primo**», etc. Aparentemente isto não apresenta dificuldade para o regente mas a sua análise torna-se necessária para aplicarmos a sua mecânica nos exercícios de automatização de movimentos. Se existe alguma dificuldade, esta reside na manutenção do equilíbrio dos braços, os quais devem seguir, de um para outro lado, gradativa e proporcionalmente em relação ao andamento original («**tempo primo**» ou «**a tempo**»).

EPÍLOGO

Chegamos afinal ao término da nossa jornada, passando por caminhos estranhos, pouco ou quase nada explorados no aprendizado da regência entre nós. Estamos convictos de que esclarecemos o suficiente para conduzir com segurança um estreante ao tablado da regência. Daqui por diante, é claro, só a prática exercida à frente de um conjunto instrumental poderá contribuir para modelar definitivamente o futuro regente. Uma vez ciente de tudo que aprendeu e aplicou na fase preparatória, cumpre-lhe agora alcançar metas mais avançadas, metas que o levem a uma concepção artística elevada.

A REGÊNCIA COMO REALIZAÇÃO ARTÍSTICA

A regência atinge toda a sua plenitude quando se liberta da uniformidade rítmica e emerge da imaginação criadora do intérprete numa descrição altamente expressiva da obra. Baseada neste conceito a regência deixa de ser acadêmica, livra-se do lugar comum, muito embora, no seu mecanismo gesticular, manifestem-se discretamente as normas fundamentais que a disciplinam. Se assim proceder o intérprete (no caso o regente) tem-se como resultado a verdadeira **realização artística.** O intérprete regente mergulha na fantasia quando desmaterializa a rigidez da uniformidade rítmica. Cabe-lhe descrever gestos expressivos que induzam o músico a seguir fielmente a interpretação que ele, regente, concebeu para a obra programada.